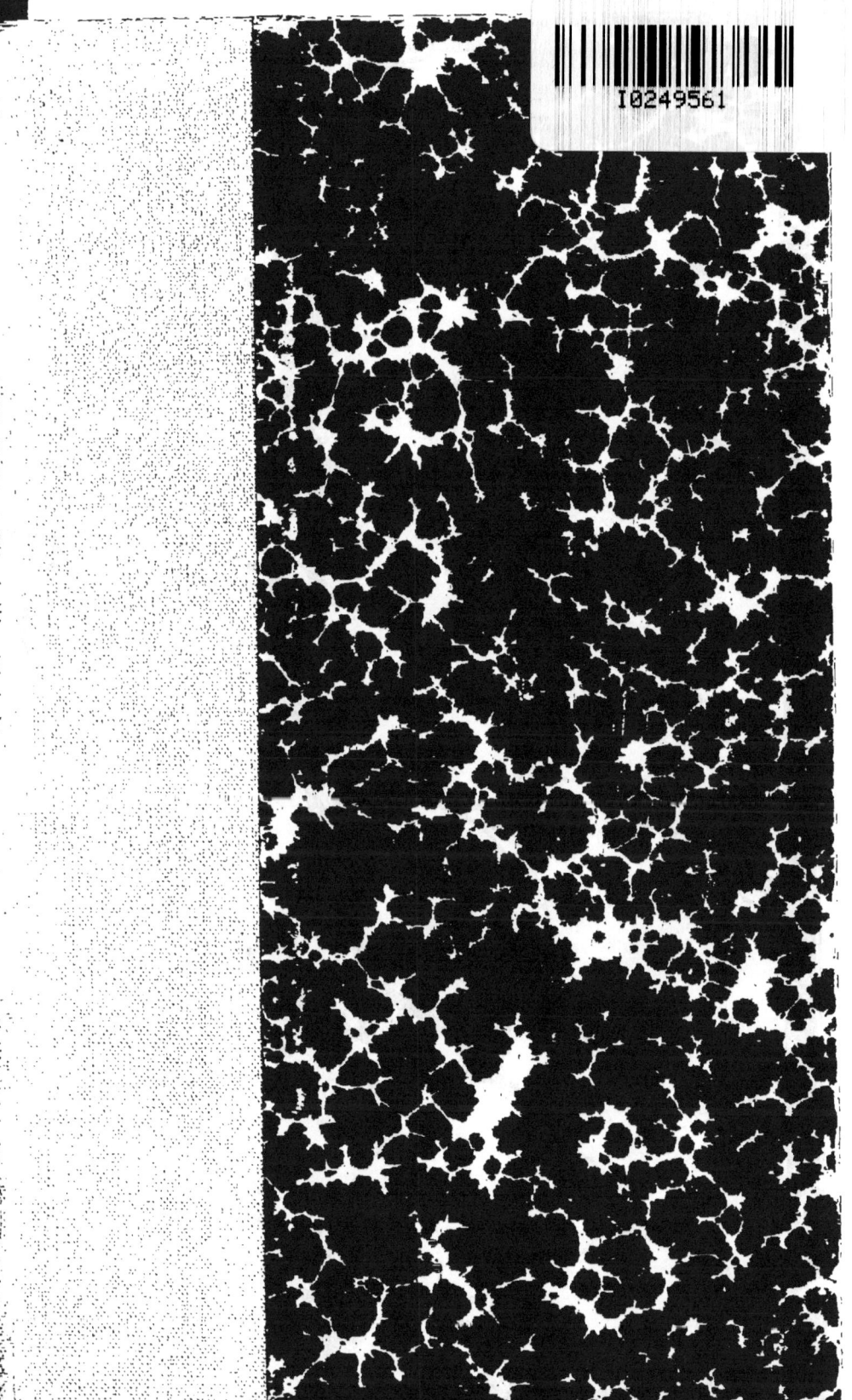

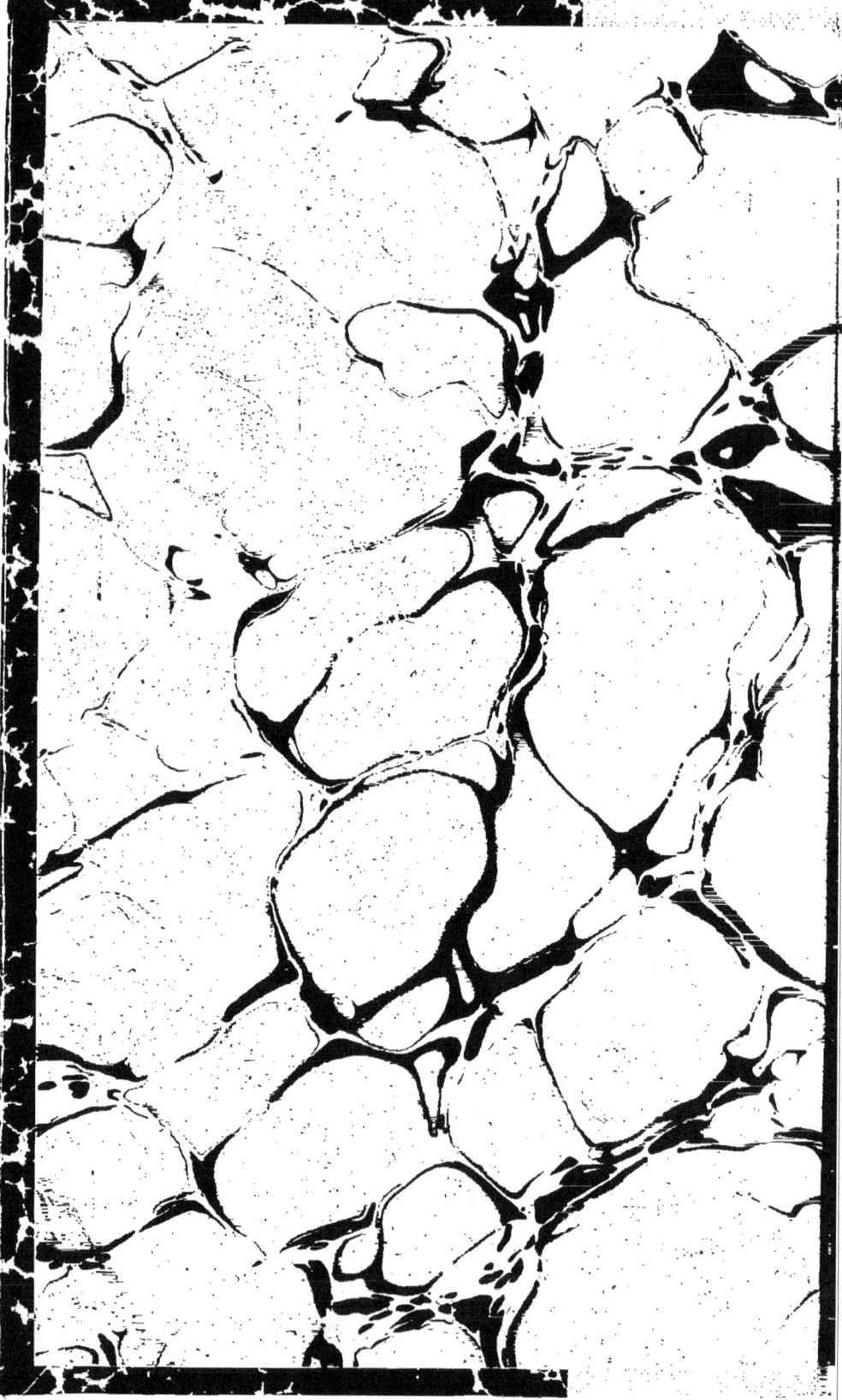

BOULANGER

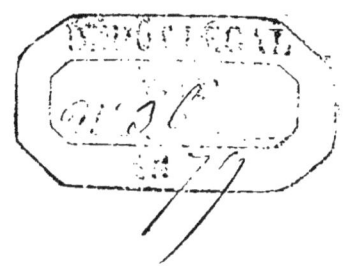

APOSTOLAT

DE

S. PROBACE

APOSTOLAT

DE

S. PROBACE

Dans l'ancienne Turris

Par l'Abbé C. BLANC

VICAIRE A SAINT-LOUIS

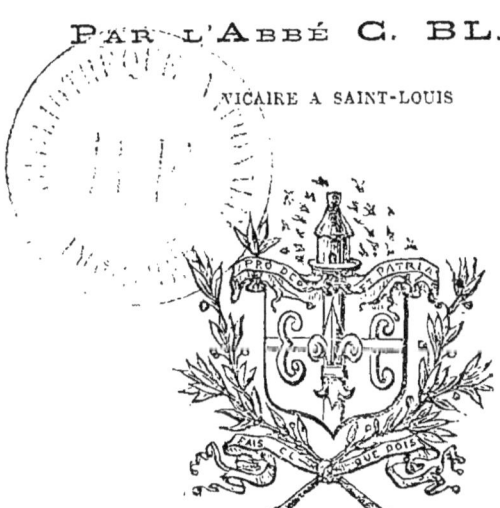

TOULON

IMPRIMERIE ÉMILE COSTEL, COURS LAFAYETTE, 74

1879

A SA GRANDEUR

Monseigneur Terris

ÉVÊQUE DE FRÉJUS & TOULON

Monseigneur,

C'est avec les sentiments de la plus profonde et de la plus respectueuse soumission que je me permets de déposer à vos pieds ce modeste travail.

Le seul titre qui puisse le recommander à **Votre Grandeur** repose sur le nom même du saint Disciple dont j'ai essayé d'établir l'histoire.

Nul n'ignore, **Monseigneur**, le culte de votre âme pour tout ce qui a trait aux gloires et aux traditions de notre belle Provence.

C'est l'une d'Elles, sinon la plus humble, du moins la plus ignorée, que j'ose placer sous votre Auguste Patronage.

Lorsque, en 1870, j'entrepris cet obscur

labeur, notre ancien et bien-aimé Evêque, Mgr Jordany, voulut bien me donner ses paternels encouragements.

Votre Grandeur m'accordera une faveur plus précieuse encore, si **Elle** daigne honorer cet écrit de sa haute et bienveillante approbation.

J'ai l'honneur d'être, avec le plus profond respect,

Monseigneur,

de **Votre Grandeur,**

le très-humble et très-
obéissant serviteur,

C. BLANC

Vicaire à Saint-Louis.

Toulon, 19 mars 1879.

ÉVÊCHÉ
de
FRÉJUS & TOULON

Fréjus, le 17 avril 1879.

A Monsieur l'Abbé Blanc

Vicaire à Saint-Louis, à Toulon

Cher Monsieur l'Abbé,

J'ai lu avec un vif intérêt votre travail sur l'histoire et l'apostolat de saint Probace. Si la question principale que vous y traitez m'impose la plus grande réserve, et s'il ne m'est pas permis de la trancher, même en présence de l'important document de Raban-Maur que vous avez le mérite, après le savant Evêque de Vaison, d'avoir mis en lumière, je me plais du moins à louer le pieux sentiment qui vous inspire et l'érudition dont vous faites preuve.

J'aime à voir mes prêtres consacrer leurs loisirs à des travaux sérieux et qui les honorent ; je suis particulièrement heureux quand je les trouve étudiant les gloires religieuses de nos pays ; car, ainsi que vous le dites, j'ai le culte de notre belle Provence. Je ne pouvais donc que me réjouir doublement, en lisant ce que vous avez écrit avec tant d'amour sur le patron de votre ville natale, et en vous voyant chercher un si légitime appui auprès de cet illustre Suarès dont Avignon et le Comtat demeurent justement fiers.

Je vous renouvelle, cher Monsieur l'Abbé, l'assurance de mon affectueux dévouement en N.-S.

† FERDINAND

Evêque de Fréjus et Toulon.

PRÉFACE

Cédant au mouvement général qui, depuis plus de trente ans, pousse les esprits à l'étude des Origines Chrétiennes, nous avons livré cet Essai au public dans un triple dessein.

Le premier a été de révéler au monde religieux, à la France surtout, le nom d'un Saint Personnage, ignoré d'un grand nombre, mais dont les œuvres ont assurément contribué à l'établissement et à la propagation de la Foi dans nos contrées. En cela nous avons cru faire acte de bon Français et de bon chrétien. Car, s'il est utile et même glorieux pour un peuple, de rechercher et de découvrir la mémoire de ceux qui ont présidé à sa naissance et à sa formation sociale, il ne l'est pas moins de tirer de l'oubli le nom de ceux qui furent ses Régénérateurs moraux, ses Libérateurs spirituels.

C'est l'histoire et la mission de l'UN de ces derniers que nous avons entrepris d'établir dans cet ouvrage.

Puisse le lecteur, après nous avoir entendu, placer le nom de Saint Probace, à côté des noms les plus illustres de la Provence, à côté des Marthe, des

Marie-Madeleine, des Lazare, des Trophime, des Maximin et des autres Apôtres de la Gaule! Nous aurons atteint notre premier but.

Le second, nous l'avouons avec simplicité, nous paraît plus prétentieux. Car, en présence des magnifiques témoignages qu'une classe d'intelligences distinguées (1) a élevés à la gloire des Origines Chrétiennes des Gaules, nous avons voulu, nous aussi, apporter notre modeste contingent de matériaux et d'efforts. Cet Essai ne sera, si l'on veut, pour l'édifice, qu'une pierre informe, grossière, à peine ébauchée. Des mains mieux exercées lui eussent mérité une place plus saillante; elles eussent imprimé à l'œuvre une impulsion plus lumineuse et plus forte, une touche plus correcte et plus élégante!

Toutefois, ce qui nous vaudra quelque indulgence, ce sont les laborieuses recherches auxquelles il a fallu nous livrer afin de composer ce travail.

(1) Comme chef du mouvement général de retour aux antiques traditions de la France, nous citerons : M. Faillon, dans son immortel ouvrage : *Monuments inédits sur l'Apostolat de sainte Marie-Madeleine en Provence et sur les autres apôtres de cette contrée.* 2 vol. in-4°. A sa suite viennent : M. l'abbé Chaussier : *Histoire de l'Eglise de Metz*; M. l'abbé de Lutho : *Saint Ursin, apôtre du Berry*; M. l'abbé Robitaille : *Vie de saint Paul-Serge, fondateur de l'Eglise de Narbonne*; M. l'abbé Dion : *Apostolat de saint Front, au premier siècle*; D. Piolin : *Histoire de l'Eglise du Mans*; M. Ravenetz : *Histoire de Reims, Châlons et Soissons*; M. l'abbé Arbellot : *Documents inédits sur l'Apostolat de saint Martial*; M. l'abbé Charbonnel : *Origine et histoire abrégée de l'Eglise de Mende*; M. l'abbé Bougaud : *Etude historique et critique sur la mission, les actes et le culte de saint Bénigne, apôtre de la Bourgogne*; M. Coudert de Lavillate : *Le Christianisme dans l'Aquitaine*; M. l'abbé Maistre : *Histoire de chacun des 72 Disciples de Notre-Seigneur Jésus-Christ*, etc., etc. Nous pourrions ajouter à cette liste les illustres écrivains de l'*Histoire générale de l'Eglise* : l'abbé Rorhbacher, M. l'abbé Darras, etc.

Nous pouvons même dire qu'il n'offre guère que l'aspect de débris informes, mais précieux, miraculeusement échappés à la destruction d'un passé de plus de dix-huit siècles. Ce sont ces débris que nous nous sommes efforcé de recueillir, d'examiner, de confronter. Et ce n'est qu'après nous être convaincu de leur parfaite harmonie avec les enseignements de la tradition, que nous avons cru, en les publiant, rendre hommage à l'histoire et à la vérité.

Enfin, nous avons voulu asseoir sur des bases incontestables, l'antique croyance des habitants de Tourves. Cet ouvrage leur donnera la clé de bien des choses, dont, peut-être, ils ne s'étaient jamais rendu compte; il les éclairera davantage sur les événements des temps écoulés; il leur expliquera surtout la profonde légitimité de leur foi. Mais ce que nous souhaitons qu'il leur dise aussi, c'est l'intégrité de notre dévouement et la vivacité de notre sollicitude pour tout ce qui les intéresse dans leur gloire et dans leur bonheur!

APOSTOLAT
DE
SAINT PROBACE

CHAPITRE PREMIER

LA PROVENCE ET SES TRADITIONS RELIGIEUSES. — L'ANCIENNE TURRIS.

Au nombre des lieux fortunés que le Ciel a particulièrement illustrés de ses grâces, nous devons inscrire sans appréhension, le noble pays de Provence.

Au point de vue des ressources matérielles, que de richesses ! que de splendeurs ! Dans les plaines, au fond des vallées, sur le flanc des montagnes, partout une vigueur de végétation qui ravit. Sous un ciel aussi pur que les flots de la mer qui baigne ses rivages, le palmier étale ses rameaux somptueux, l'olivier ses fruits doux et abondants, la vigne ses grappes fécondes, l'oranger ses pommes d'or.....

Mais un jour devait venir où, sur ce sol privilégié, la main de Dieu susciterait d'autres trésors, d'autres gloires.

C'était l'heure pour les Disciples du Christ de se partager la conquête du monde. Une croix à la main, la vérité sur les lèvres, l'amour divin au cœur, les voilà qui se dispersent aux quatre vents du Ciel, prêchant partout les grands mystères du salut. A leur voix, l'Asie, l'Afrique, une partie de l'Europe, abjurant le culte des fausses divinités, demandent et reçoivent la grâce du Baptême. Déjà la Grèce, l'Italie, l'Espagne elle-même, invoquent et bénissent le nom adorable du Sauveur. Mais pour la vieille Gaule quel sera son sort? Seule, serait-elle délaissée des Apôtres, cette nation forte et belliqueuse, aux mœurs pures et simples, et que les siècles nommeront plus tard la fille aînée de l'Eglise?

Vers ce même temps, nous dit la voix de l'Histoire, quelques humbles navires (1), montés par un nombre plus ou moins considé-

---

(1) Il est démontré que les disciples du Sauveur quittèrent la Judée à des époques différentes. C'est ainsi que saint Lazare, parti de Judée avant ses sœurs, n'arriva en Provence qu'après elles. (Voir l'abbé Faillon dans ses *Monuments inédits sur l'Apostolat de sainte Marie-Madeleine en Provence*, etc.

rable d'hommes et de femmes, se détachaient des côtes de la Judée et franchissaient en toute sécurité, la vaste étendue des mers. Grâce au vent qui les pousse et à l'invisible main qui les dirige, ces heureux Navigateurs abordent successivement aux rives de la Provence... Qui sont-ils? Quelle sera leur histoire?

Ecoutez l'écho des générations vous nommer, dans ces nouveaux venus, les bien-aimés familiers de Jésus de Nazareth :

Lazare, cet ami ressuscité, sur la mort duquel le divin Maître versa des larmes ;

Marthe, sa sœur, qui mit tant d'empressement à rendre à Jésus les saints devoirs de l'hospitalité ;

Marie-Madeleine, la grande pécheresse devenue la grande pénitente, qui arrosa les pieds du Sauveur de ses larmes, les essuya de ses cheveux et les embauma de l'arôme de ses parfums et de son repentir. — Marie-Madeleine qui se tint aux pieds de la croix, pleura sur la mort de son Dieu, le chercha si ardemment dans le jardin de la sépulture, et l'ayant retrouvé sous les traits du jardinier, l'appela son Maître et l'adora ;

Maximin, Trophime, plusieurs des *saintes*

femmes qui suivirent Jésus dans ses courses apostoliques, entendirent ses célestes enseignements et participèrent à tous les mystères de son amour ;

Enfin, ces *autres Disciples* sur le nom desquels l'Évangile garde le silence, mais dont les âges nous ont légué les œuvres et les bienfaits ! Quelles illustrations ! Quelles gloires !

Saint Probace fut de ces derniers. Comme les autres Envoyés du Sauveur, il porta, lui aussi, les lumières de la Foi aux peuples de l'Italie et de la Provence. Et si son souvenir s'est éteint dans la mémoire des peuples qu'il convertit, il a survécu, cher et vénéré, dans l'humble Cité qui fut le théâtre de son apostolat, et plus particulièrement le lieu de sa mort.

Nous avons nommé l'ancienne *Turris* des Romains, successivement appelée *Turrivi*, *Torrivi*, *Torrives*, etc., etc., aujourd'hui *Tourves*.

Sise dans un coin de cette Provence, si magnifiquement dotée, non loin des vieilles et opulentes métropoles évangélisées par les saints évêques Lazare et Maximin, au pied même de cette chaîne de montagnes dont la

Sainte-Baume est un des plus brillants anneaux, à quelques pas seulement du tombeau de sainte Marie-Madeleine (1), Tourves a reçu en partage un climat doux et pur, un sol accidenté et fécond, les richesses de la terre et du ciel.

L'Etranger qui vient d'Italie, en suivant la direction de l'ancienne *voie Aurelia*, compare volontiers le paysage où se dessine la modeste Cité, à l'un de ces sites pittoresques et charmants que la Suisse présente en si grand nombre. A droite, toute une série de côteaux couverts d'oliviers et de vignes ; sur la gauche, de vastes prairies sillonnées de sentiers et de ruisseaux ; plus loin, la rivière de *Carami*, d'autres disent *Calami*, dont les sinuosités multiples offrent l'image d'un serpent couché dans la plaine. Devant soi, la petite Ville avec ses formes écartelées, ses maisons simples, ses rues capricieuses et sévères.

Comme fond du tableau, le paysage est tout-à-fait différent. Derrière les plus lointaines maisons, on distingue la cime dépouillée d'arbres vieux de plusieurs siècles : c'est l'an-

---

(1) La petite ville de Tourves n'est située qu'à 13 ou 14 kilomètres de la Sainte-Baume et à 7 seulement de Saint-Maximin.

cienne et majestueuse avenue qui menait au château des *Valbelle*. A l'extrémité de cette avenue, une sorte de mamelon au milieu duquel s'élèvent encore les restes d'un obélisque cent fois découronné par la foudre; ensuite le vieux manoir des comtes, avec son portique orné de dix gigantesques colonnes de granit, d'un seul bloc; puis, çà et là, des pans de murailles écroulées ou debout.

Il y a quatre-vingts ans que le marteau révolutionnaire a transformé ce palais superbe en un lugubre tombeau!

A deux pas de ces ruines, un roc taillé à pic et caché en partie par un immense rideau de lierre, dressait, hier encore, sur l'humble Cité, sa crête menaçante. Aujourd'hui, à son sommet dompté, rayonne une magnifique statue de la Vierge Marie, image d'une mère qui sourit à ses enfants. Au-dessous de ce roc, on entrevoit, perdue dans une touffe de verdure, la vieille paroissiale de *Saint-Maurice*. Attenant à cette église, sur un tertre planté de cyprès et d'églantiers, s'étend le champ des morts.

De ce site abrupt et sévère, le regard se porte aussitôt sur la chapelle qui couronne le monticule de l'ancien village de *Seissons*. Il y a quelques années à peine, on ne voyait là qu'un monceau de ruines, où croissait le figuier sauvage et qu'animait seulement le cri du hibou. Cependant ces murs délabrés avaient autrefois abrité de saints religieux et prêté leurs échos aux accents de la prière! La foi des habitants, sous l'habile direction du curé de la paroisse (1), vient de faire revivre ces ruines par l'érection d'un sanctuaire à trois nefs, dont les formes gothiques rappellent le beau style du moyen-âge. On a dédié cette vaste et élégante chapelle en l'honneur de *Notre-Dame de la Salette.*

Enfin, du côté du midi, parmi cette longue chaîne de montagnes qui bornent l'horizon, on en distingue une, la plus rapprochée, que l'on prendrait pour une forteresse. Bordée d'une ceinture de rochers d'une hauteur prodigieuse, cette montagne n'est accessible que d'un côté. Sur sa cime pierreuse et dénudée, un général d'armée bâtirait sa citadelle et as-

---

(1) M. l'abbé Raymondi, curé de la paroisse de 1865 à 1872. Qu'il nous permette ici de le remercier publiquement du concours si bienveillant et des notes si judicieuses qu'il nous a fournis pour la composition de cet écrit. Même sentiment de gratitude à M. l'abbé Sivan, vicaire à Draguignan.

seoirait son camp. De là, l'œil parcourt et domine toute l'étendue de la plaine. Un sentier raide et tortueux, labouré, en quelque sorte, sur le flanc de la montagne, conduit jusqu'à la plate-forme.

C'est là qu'était l'emplacement de l'ancienne *Turris*, ainsi que nous le démontrerons plus bas (1); c'est là que se trouve encore aujourd'hui, réparée et embellie, l'antique et vénérée chapelle de *Saint-Probace*.

---

(1) Voir le chapitre x.

CHAPITRE II

ANTIQUITÉ DU CULTE RENDU A SAINT PROBACE DANS LA VILLE DE TOURVES.

CELUI qui, pour la première fois, visiterait la moderne *Turris*, le dimanche d'après le 25 août, serait surpris de l'animation inaccoutumée qu'il rencontrerait dans cette petite ville, ordinairement silencieuse et calme. Çà et là, dans l'intérieur des maisons, au milieu des rues, sur les places publiques, partout, l'éclat, l'expression de la joie la plus religieuse et la plus pure. C'est en ce jour qu'aime à venir s'asseoir à la table de la famille et partager l'allégresse commune, le soldat, le matelot, l'ouvrier qui n'a plus revu ses vieux parents depuis longues années. C'est ce même jour qu'appelle de ses cris naïfs le petit enfant: les étrennes lui arriveront si riches et si nombreuses ! C'est ce jour aussi que choisit la jeune mère pour revêtir son nourrisson de sa première robe blanche et l'exercer à faire les premiers pas. C'est enfin ce jour que les Anciens du lieu placent au-dessus de tous les autres, groupant, autour de sa date, les principaux événements de l'année.

Or, demandez au premier enfant venu la cause de cette joie générale ; il vous répondra sans coup férir : « *C'est aujourd'hui la fête de Saint Probace.* » Ne poussez pas plus loin vos interrogations, il serait surpris, scandalisé, peut-être, de votre ignorance. En disant cela, il a tout dit ; car pour lui, comme pour tous les habitants, il n'est pas de nom de saint plus connu et plus aimé. Aussi qu'elle est belle et touchante la dévotion de ce peuple envers Celui qu'il appelle son glorieux Protecteur !

Aux premières lueurs de ce jour de fête, les tambours battent aux champs, les caravanes s'apprêtent : enfants, jeunes hommes, femmes, gens de tout âge et de toute condition s'acheminent processionnellement vers la Chapelle de la haute montagne. Là, pendant que le prêtre offre le divin Sacrifice, les chants populaires, composés pour la gloire du Saint, s'échappent de toutes les poitrines. L'accent de ces voix est si vif et si pénétrant que l'on comprend bien vite qu'elles invoquent et bénissent le nom d'un Bienfaiteur et d'un Père. Puis, quand sonne l'heure du départ, de vigoureux jeunes gens se font un honneur de prendre sur leurs épaules et de descendre jusqu'à la cité la vénérable Image du *Saint*. A la suite se presse la foule des pèlerins, au visage ému, à l'attitude recueillie.

Cependant, une députation du clergé et des fidèles sort de la paroisse pour se rendre à la rencontre du pieux cortége. Une procession solennelle s'organise immédiatement; et l'on porte en triomphe, à travers les rues pavoisées, l'Image du saint Protecteur. A son aspect, tous les fronts se découvrent, des larmes de reconnaissance ou de joie brillent dans les yeux de tous, et bien des cœurs sollicitent secrètement la grâce d'une guérison ou d'un succès. Malheur au railleur ou à l'incrédule qui affecterait, en ce moment, des airs d'impiété ou de mépris! On lui demanderait, sur le champ, raison de son insolence; et il lui faudrait ou confesser publiquement son tort, ou subir, bon gré malgré, le fait d'une vigoureuse et éclatante correction. Il faut que pendant deux mois l'Image vénérée séjourne dans la paroisse. Ainsi le veut une immémoriale tradition. Le peuple sent le besoin de voir *son Saint*, de lui parler, de le prier. Les visites qu'il lui fait sont incessantes; il traite avec lui comme on traite avec un ami, avec un concitoyen, avec un frère.

On reconnaît, à ces indices, que le céleste Protecteur a dû faire partie de la Cité, qu'il en a été le Bienfaiteur, peut-être même l'Apôtre. Cette dévotion ne ressemble à aucune autre. Elle revêt tous les caractères d'une dévotion de famille; elle en a l'abandon, l'intimité, le respect, la naïveté pure et charmante!

Chose remarquable encore! En ce siècle où la Foi semble perdre tant de terrain dans les esprits, la grande question, pour les habitants de Tourves, est d'obtenir la faveur de porter, aux jours solennels, l'Image vénérée. A cet effet, on tient, à une heure désignée, des enchères publiques (1). D'ordinaire, c'est à la chapelle de la montagne et le jour auquel on y

---

(1) La plus-value de ces enchères s'élève jusqu'à la somme de 150 fr.

reporte l'auguste Image. Les débats s'ouvrent en présence du curé de la paroisse et des prieurs, et les honneurs de la victoire sont naturellement décernés au plus offrant.

Il y a des époques, cependant, où les témoignages de cette dévotion présentent des caractères plus frappants. Lorsqu'une épidémie menace la santé publique, que la sécheresse compromet l'avenir des moissons, que la mortalité exerce ses ravages dans les pays circonvoisins, la foi du peuple apparait dans toute son énergie. Tout ce qu'il y a de valide accourt à la *sainte montagne*. Les chaumières les plus éloignées et les plus pauvres y envoient leurs représentants. Durant le trajet, on invoque, par des prières et des cantiques, la protection du *Saint*. On redescend son image tête découverte et pieds-nus. Dès lors, les craintes s'apaisent, l'espérance renait, le fléau est enfin dissipé. Le cri de tous les siècles est celui-ci : « *Saint Probace a toujours protégé ses enfants!* »

Ainsi, voilà un fait plus éclatant que le soleil! Cette dévotion ne date ni d'un jour, ni d'un siècle. Le peuple la porte gravée au fond du cœur, en traits ineffaçables. Chaque jour, il vient l'attester et l'écrire, à sa manière, dans l'enceinte même de la chapelle. Que l'on parcoure les dépouilles sacrées et les innombrables ex-voto (1) suspendus le long des murs et l'on constatera mieux encore la grandeur de cette foi ! Le peuple a un langage que nulle force au monde ne peut étouffer. Un général d'armée gagne une bataille et délivre une nation, on lui érige un monument ; un saint obtient de Dieu, pour un mendiant, la guérison de sa fille, le mendiant apporte, en toute hâte, à la chapelle bénie, l'humble toile qui rappellera désormais sa reconnaissance et le miracle qui l'a causée.

Mais suivons, d'un œil rapide, la marche de cette dévotion à travers les siècles.

Aux heures les plus mauvaises de notre histoire, alors qu'une foule d'usages saints et de traditions pieuses avaient été, sinon abolis, du moins interrompus, pas l'ombre d'un nuage ne vint obscurcir le pur et ancien éclat de cette dévotion. En la néfaste année 1793, tandis que des flots de sang inondaient la

---

(1) Parmi les nombreuses offrandes faites à la chapelle de Saint-Probace, on distingue plusieurs petits navires de guerre d'un goût achevé et plusieurs ex-voto du XVIIe siècle peints sur acajou. Or, l'on sait combien était rare en Europe, à cette époque, ce bois précieux.

France, que les prêtres et les vrais chrétiens mouraient sur l'échafaud, que les reliques et les images des saints étaient brûlées et jetées au vent, Tourves n'en continua pas moins de professer solennellement sa dévotion. La paroisse était privée de ses pasteurs légitimes, n'importe ; on somme un prêtre assermenté, l'abbé LAMBERT, de présider lui-même la cérémonie d'usage. Et c'étaient des *Sans-Culottes*, la pire espèce des gens, qui avaient organisé la procession traditionnelle! Ils revendiquèrent eux-mêmes l'honneur de faire escorte à l'image du *Saint*; et on les vit, pour se défendre contre des agresseurs impies, s'armer de gourdins énormes et accompagner ainsi le pieux cortège dans sa marche.

Pour connaître au juste, avec quelle minutie de détails et quelle joie naïve, le peuple de Tourves a toujours solemnisé la fête de son Saint Patron, il faudrait lire les règlements de compte renfermés dans un registre qui a échappé, par hasard, au pillage et à la destruction. Ce registre date seulement, il est vrai, de l'an 1647 et se termine en 1786. Toutefois, il est facile de remarquer qu'il n'est que la continuation de règlements antérieurs ayant la même importance. Nous en donnons quelques extraits à la fin du volume (1).

En l'année 1659 et le 9 décembre, le Conseil général de Tourves se réunissait, afin de délibérer sur une sentence rendue, le 21 Août 1648, par le grand-Vicaire et Official du Cardinal-Archevêque d'Aix. Cette sentence était relative « *à la commémoration de la feste de* « *Saint-Probace à chascun jour dixième de* « *septembre et permission de dire et célébrer* « *la sainte Messe dans la chapelle fondée à* « *prieuré rural, construite dès longues années* « *en la montagne appelée la Coste du Gaû* (2). » Comme on n'avait point pris en considération cette sentence de l'Archevêque, « *par la notoire* « *absence du prieure qui possède le dict* « *prieuré, négligeance d'y celluy et des rec-* « *teurs, que par le malheur et mouvement des* « *gens de guerre qui ont esté résidé en cestes* « *province,* » le Conseil général recevait communication que « *pour ne retarder cette bonne* « *œuvre et augmenter d'autant plus la dévo-* « *tion quy se rencontre à la dicte chapelle et*

---

(1) Voir la note H, à la fin du volume.
(2) Procès-verbal du 9 décembre 1659; voir la note E. *La coste du Gaû*, c'est-à-dire, la colline de Saint-Jean-de-Gaudio.

« *en laquelle Messire Durand, prestre du lieu
d'Ollioules, a résidé pour le service d'icelle
a plus de deux années, et célébré la Sainte
Messe, icelluy pour le zèle et la dévotion
particulière qu'il a au dict Saint Probace...
a pris la résolution de faire le voyage à Rome,
afin d'obtenir l'authorisation de la dicte
sentance rendue par le dict sieur Grand-
Vicaire et Official Général, ensemble des
indulgences perpétuelles pour le jour et
feste, de Sa Sainteté* (1). »

Le conseil, à l'unanimité des voix, résolut
l'accueillir l'offre si généreuse de Messire
Durand. On le munit donc « *de pouvoirs
exprès ensemble des pièces et papiers à lui
nécessaires pour l'obtion de ce* (2), » et on
lui assigna des fonds suffisants pour accomplir
son religieux voyage.

Ce docte et vénérable prêtre reçut à Rome
l'accueil le plus bienveillant et en rapporta les
plus insignes faveurs. Voulant le récompenser
d'un si heureux résultat, le Conseil lui offrit
de demeurer dans la Chapelle de Saint Probace pour en faire le service. Ainsi « *les étran-*

---

(1) Procès-verbal du 9 décembre ; voir la note E.
(2) Id.　　　　　　　　id.

« *gers y venant, recevront satisfaction, non*
« *pas à ce présent que c'est que y viennent,*
« *ils s'en retournent sans entendre Messe ny*
« *moins pouvoir entrer dans l'Eglise pour*
« *estre fermée, ce qui revient au très-grand*
« *préjudice et intérêt de la dicte dévotion et*
« *mesme la ruine totale d'icelle* (1). »

On le voit, vers le milieu du xviie siècle, la dévotion envers Saint Probace était bien grande. Le nom de ce Bienheureux, sa gloire, ses miracles, les indulgences obtenues à Rome, la Confraternité érigée en son honneur étaient répandus dans toute la Province (2). Il est vrai que dans le xvie siècle et au commencement du xviie, le calvinisme ayant fait du progrès dans nos contrées, le culte immémorial rendu à saint Probace en devint quelque peu amoindri. Mais cette diminution ne fut pas de longue durée. La foi se ralluma bientôt, et les étincelles qu'elle projeta se développèrent dans de vastes proportions.

Dès 1643, il y a réunion solennelle du Conseil général. La chapelle de Saint-Probace était tombée en ruines, par suite des malheurs

---

(1) Procès-verbal du 17 mai 1660; voir la note F.
(2) Id., id.

du temps. On délibéra aussitôt qu'il fallait restaurer, ou mieux, construire une chapelle plus vaste et plus riche. Les raisons qu'on allègue sont des plus urgentes. Le Ciel lui-même commande ce grand acte de dévotion.

En effet, le Consul *Broquier* donne avis au Conseil « *que puis la veille de la Pentecoste « dernière, il a diverses visions aux chapelles « Saint-Jean et Probace, voire des révélations « pour les remestre en état, afin que le divin « Sacrifice et saintes Messes y soient célé- « brées* (1)..... » La proposition fut unanimement acceptée. L'on régla que les chapelles seraient reconstruites et que « *la Communauté « contribuerait à toute la despanse néces- « saire* (2). » Malgré toutes les diligences, l'édifice qu'on éleva menaçant ruine, il y eut de nouveau convocation générale le 5 août 1643. Tous les Chefs de maison s'y rendirent. On décida qu'on élèverait un édifice plus honorable, attendu que « *la dévotion augmente « du jour à l'autre par l'évènement de plu- « sieurs miracles et de la santé et guérison*

---

(1) Procès-verbal du 28 juin 1643; voir la note G.
(2) Id.,   id.

« *que plusieurs malades y reçoivent* (1) *y*
« *faisant neufvaines* (2).....»

L'Assemblée s'imposa un fond, au capital de 600 livres, pour la célébration à perpétuité d'une messe. L'édifice voté fut construit sur des dimensions plus vastes. Mais au lieu des deux chapelles de Saint-Jean et de Saint-Probace, il n'y en eut plus qu'une, la chapelle de Saint-Probace. C'est celle que l'on visite aujourd'hui.

Qu'on nous permette ici une importante remarque. Si Saint Probace n'est aux yeux des habitants qu'un Saint ordinaire, sans caractères particuliers, comment s'expliquer le vif empressement avec lequel on ordonne la reconstruction de sa chapelle? — La générosité du peuple à accepter de lourds impôts? Comment s'expliquer, surtout, cette prédilection éclatante décernée au saint Patron? On réédifie les deux chapelles, mais pour les fusionner

---

(1) Comme dans une réunion de prêtres, le jour même de la fête de Saint-Probace, on parlait des nombreux ex-voto qui se trouvent dans la chapelle, j'ai bien présent à la mémoire qu'un certain prêtre de la Doctrine chrétienne nous dit avoir vu, avant la Révolution, un volumineux registre de faits miraculeux attribués à notre Saint. (Extrait d'une note de l'abbé Sivan, ancien vicaire à l'église Saint-Louis de Toulon, mort en 1864 à l'âge de plus de 70 ans.)

(2) Procès-verbal du 5 août 1643; voir la note D.

en une seule. Et ce sanctuaire unique, aux proportions grandioses, aux ornementations élégantes, au lieu d'être dédié, comme il semblait naturel, en l'honneur de saint Jean-Baptiste, hiérarchiquement plus grand et plus puissant, l'est en l'honneur de Saint Probace.

On ne doit pas oublier, non plus, qu'à cette même époque, existaient, au terroir de Tourves, d'autres chapelles nombreuses, rapprochées, plus vastes, d'un plus facile accès, les paroissiales de *Saint-Estève*, de *Saint-Maurice*, de *Saint-Sauveur*, les oratoires de *Saint-Sulpice*, de *Saint-Michel*, de *Saint-Julien*, etc., etc. Eh bien, la population semble n'avoir nul souci de ces sanctuaires auxquels devaient nécessairement se rattacher de bien doux souvenirs ! Elle les voit s'écrouler, les uns après les autres, sans jamais songer à les relever. Au contraire, la chapelle de Saint-Probace, située sur une montagne difficile à gravir, on la rebâtit, on l'agrandit, on l'ornemente, au prix de grands sacrifices. Et il n'y a de repos et de joie pour les habitants, que le jour où est couronné le vénéré sanctuaire.

En présence de ce grand fait, n'est-il pas

légitime de conclure qu'une telle dévotion ne peut s'appuyer que sur des bases sérieuses et puissantes ? On nous dira, peut-être, qu'à dater du commencement du xvii° siècle jusqu'au xi°, c'est-à-dire, l'espace de cinq cents ans, la voix de l'histoire est muette sur cette dévotion. Mais, qu'importe ce silence dont nous expliquerons les causes, si cette même voix nous redit les manifestations de ce même culte, dès le commencement du xi° siècle? Plusieurs *chartes* de ce temps mentionnent, en effet, la chapelle de Saint-Probace existant déjà au lieu de Tourves. A cette époque, donc, ce bienheureux était invoqué. Car, une église suppose un culte, ce culte une tradition et cette tradition un fond de vérité. Qu'importe, pour le moment, si nous ne pouvons distinguer les ramifications diverses de ce culte, à travers quatre ou cinq siècles ! Le fleuve dont on a longé les rives quelque temps, cesse-t-il de couler, parce que, en disparaissant tout-à-coup dans le creux d'une montagne, il ne fait briller de nouveau ses ondes que plusieurs milles plus bas? Elle est donc d'une valeur réelle, cette dévotion du peuple de Tourves, qui va se perpétuant le long des âges. Si elle ne conduit pas à une certitude absolue, elle impose, du moins, quelque chose de plus que la considération et le respect. Huit siècles d'hommages, rendus à la mémoire d'un Saint et consignés dans les pages de la tradition et de l'histoire locales, constituent un argument de *prescription* dont la portée n'échappe à personne !

CHAPITRE III

ANTIQUITÉ DE LA TRADITION ENSEIGNANT QUE SAINT PROBACE ÉTAIT DISCIPLE DE N.-S. J.-C. — MÉMOIRE DES CONSULS DE TOURVES ADRESSÉ A SUARÈS, ÉVÊQUE DE VAISON.

Nous avons démontré, au précédent chapitre, qu'elle va se perdre bien loin dans la nuit des temps, la dévotion du peuple de Tourves envers Saint Probace. Assurément, si le Ciel ne l'avait eue pour agréable, il n'eût point multiplié en sa faveur les miracles et les bénédictions (1).

Mais qu'affirme la tradition sur le caractère et l'histoire de ce Bienheureux ? Que raconte-t-elle de sa vie, de sa mission, des titres divers qui l'ont rendu si cher et si vénéré ?

---

(1) Dans les moments d'épreuve, le premier nom qui s'échappe du cœur et des lèvres des habitants de Tourves est celui de saint Probace. Nous ne saurions dire les prodiges de guérison, de préservation, de conversion, etc., etc., dus à l'invocation de ce nom. Ceci est de notoriété publique et à Tourves et dans les pays environnants.

Ici, les échos de la tradition n'ont qu'une voix pour répéter que saint Probace a été l'Apôtre de la foi dans la contrée, et que, disciple du Sauveur, comme saint Lazare et saint Maximin, il avait, comme eux, quitté la Judée et abordé en Provence pour y prêcher l'Évangile. Certes, nous ne prétendons pas, dans ce chapitre, jeter sur cette question une lumière complète; elle éclatera plus tard. Nous voulons, seulement, nous faire l'organe de la croyance populaire.

Or, qu'a-t-elle dit et que dit-elle encore cette voix des siècles?

Nous trouvons son langage admirablement résumé dans une hymne sacrée (1), composée, il y a plus de deux siècles, par un saint prêtre, homme fort distingué dans les sciences et dans les lettres, l'abbé *Durand*, originaire d'Ollioules. Attiré, vers l'année 1657, par la renommée que venait de reconquérir, dans une partie de la Provence, le culte de Saint Probace, ce docte ecclésiastique avait fixé son séjour sur la montagne, afin d'y desservir la chapelle vénérée. Il y célébrait, chaque jour,

---

(1) Voir la note M à la fin du volume.

le divin sacrifice, pour satisfaire sa piété et celle des nombreux pèlerins qui accouraient auprès du tombeau du saint Disciple.

De plus « *l'affection extraordinaire que sa feste* (de Saint-Probace) *soit commémorée, Dieu honoré et servy et pour l'avantage du peuple et du dict lieu* (1), » lui fit entreprendre le voyage de Rome, muni de tous les documents nécessaires. Grâces à son zèle, le Pape Alexandre VII, par un bref (2), en date du 18 mars 1660, reconnaissait le culte rendu à Saint Probace, approuvait l'institution d'une confrérie en son honneur, et fixait, d'une manière définitive, le jour auquel on devait célébrer la fête du Saint.

Nous citons de cette hymne les passages qui ont trait à notre assertion :

> *In hâc die gloriosâ*
> *Cuncti, voce generosâ,*
> *Cantemus Probatium.*
> *Quem Christus discipulorum*
> *Vocans ad turbam suorum*
> *Vult habere socium.*

---

(1) Voir la note E à la fin du volume.
(2) Voir la note G   id.

Qui post mortem Salvatoris,
Præsul fit in illis oris
Et regit Ecclesiam (1).

On lit dans l'antienne qui suit la prose : « *Summo quidem honore donatus est sanctus Probatius qui Christi discipulorum cœtui annumeratus est et ultimæ ejus cœnæ interfuisse creditur* (2). »

Et dans l'oraison finale : « *Domine Jesu Christe qui septuagenario discipulorum tuorum numero sanctum Probatium ascribi voluisti* (3)..... »

Que ce ne soit là que la fidèle expression de l'antique et commune croyance, voici ce qui le prouve : En l'année 1644, les *Consuls* de Tourves, instruits des laborieuses recherches auxquelles se livrait l'éminent évêque de Vaison, Suarès, relativement à l'origine de la foi chrétienne en Provence, adressèrent à l'illustre Prélat un important *Mémoire* sur la

---

(1) « En ce jour de gloire chantons tous d'un cœur généreux, le grand Probace ; — le Christ, en l'appelant au nombre de ses disciples, le choisit pour compagnon ; — après la mort du Sauveur, il devint évêque dans ces contrées et gouverna l'Église. »

(2) « Un suprême honneur fut conféré à saint Probace ; il fut mis au nombre des disciples du Christ, et on croit qu'il assista à la dernière cène.

(3) « Seigneur Jésus-Christ, qui avez daigné inscrire saint Probace au nombre de vos 72 disciples..... »

tradition des habitants de Tourves. Ce fut l'abbé *Bouis*, docteur en théologie que *Suarès* qualifie de *savant* et *saint Prélat*, qui fut chargé du précieux message. Nous regrettons vivement la perte d'un tel document. Malgré toutes nos perquisitions, nous n'avons pu le retrouver, ni à Tourves, ni à Vaison. A l'instar de tant d'autres, il sera devenu la proie des flammes révolutionnaires. Mais, il nous est facile de présumer ce qu'il renfermait de capital, par la réponse même que *Suarès* fit remettre aux *Consuls*. Après avoir grandement loué la piété des habitants de Tourves envers Saint Probace, l'illustre Pontife, pour les raffermir dans cette dévotion, leur fit hommage d'un *très-ancien Document* qui renferme en abrégé la vie du Bienheureux. Or, d'après ce *Document*, d'une importance exceptionnelle et dont la valeur sera bientôt discutée, Saint Probace est effectivement *Disciple de Jésus-Christ et Apôtre de la Provence*. L'évêque termine sa lettre en disant : « *Voilà tout ce que j'en ai, comme*
« *M. Bouis, qui m'a porté* le vôtre *et m'a in-*
« *formé de votre dévotion, vous dira : si je*
« *puis recouvrer quelque autre chose, je vous*

« *en aviserai et m'estimerois heureux de se-*
« *conder ce savant et saint Prélat de découvrir*
« *ce trésor* (1). »

Cette réponse de *Suarès* ne nous fait-elle pas deviner le contexte même du *Mémoire ?* N'en est-elle pas l'éloquent commentaire ? Ne faut-il pas en conclure qu'il y avait, au moins pour le fond, harmonie complète entre les assertions du *Mémoire* et celles du *Document ?* Que les croyances traditionnelles dont l'abbé Bouis était l'interprète officiel, étaient identiques avec l'histoire du Bienheureux ?...

Telle est donc la tradition. Aux yeux du peuple de Tourves, Probace a vu le Sauveur, il a entendu ses divins enseignements, il a été mis au nombre des 72 disciples. Nier cette croyance, c'est détruire le vrai caractère du Saint. Voir en Lui tout autre personnage qu'un disciple de Jésus-Christ, qu'un compagnon d'apostolat de saint Lazare, de sainte Marie-Madeleine, de saint Trophime, c'est ne rien entendre au culte et à la tradition du lieu. Faites passer, sous le regard du peuple, la liste assez longue des saints qui portent ce

---

(1) Voir les chap. VI, VII, VIII.

nom ou un nom analogue ; énumérez-lui tous les saints *Probace,* ou *Probat,* ou *Probe* (1), inscrits dans les divers *martyrologes* ou dans les *Actes des Saints,* il vous sera répondu : « *Nous ne voyons dans aucun de ces Bienheu-* « *reux les caractères du Nôtre.* » La tradition est expresse sur ce point.

En effet, dans la réunion générale du 5 août 1643, c'est-à-dire, un an avant la réception du précieux *Document* de l'Evêque de Vaison, quinze ou dix ans avant que le docte abbé *Durand* vînt à Tourves et s'occupât de l'histoire de Saint Probace, les *Chefs de maison* ordonnent une procession générale aux jours de la fête de Saint-Jean et de Saint-Probace, quoique le nom de Celui-ci ne se trouve « *men-* « *tionné dans la vita sanctorum, moins au* « *martyrologe* (2). » Le *Conseil* ajoute qu'il est urgent « *d'informer sur les miracles, révélations* « *survenues et de la vénération du corps trouvé* « *en la dicte chapelle Saint-Probace et afin* « *qu'il puisse estre invoqué, nonobstant qu'il* « *soit au vita sanctorum et martyrologe* (3).

---

(1) On compte 14 ou 15 noms semblables dans les divers martyrologes ou dans les *Acta sanctorum.*
(2) Voir la note D, à la fin du volume.
(3) Voir la note D,   id.

Ces déclarations ne prouvent-elles pas qu'on se livra, indubitablement, à cette époque, à de grandes recherches ? Que l'on étudia la vie de tous les saints de ce nom relatés dans les *Actes* de l'Eglise ? Et qu'aucun d'eux ne fut reconnu pour être celui que Tourves honorait ? Assurément, si ce Bienheureux n'avait pas une vie, une histoire, des traits, une physionomie à part, comprendrait-on de tels aveux ? Or, ce caractère spécial qui distingue ce Saint de tous les autres, n'est-ce pas celui que lui attribue la tradition, c'est-à-dire d'être Disciple du Sauveur et Apôtre de la Provence ?

La peinture elle-même vient corroborer notre affirmation. Grand nombre d'anciennes petites toiles (1), encore appendues aux murs de la vieille chapelle, en font foi. Sur l'une d'elles, on voit Saint Probace, les mains levées au ciel, et prêchant, au milieu d'une foule avide et recueillie, les vérités du salut. Sur une autre, l'Apôtre est représenté avec ses vêtements pontificaux, en compagnie de saint Jean-Baptiste. L'Esprit-Saint, sous la forme

(1) Plusieurs de ces toiles assez bien réussies, datent du milieu du XVIIe siècle.

d'une colombe, plane au-dessus de leurs têtes, et répand des torrents de lumière sur leurs fronts inspirés.

Nous le savons : Entraînés par les misérables disputes qui avaient eu lieu dans le courant du xviie siècle, des hommes plus téméraires qu'éclairés, se donnèrent la triste mission d'attaquer et de détruire l'histoire de nos traditions de Provence. On écrivit dans toutes les langues, on cria sur tous les tons, et un grand nombre avait fini par le croire, que sainte *Marie-Madeleine*, l'illustre convertie de Béthanie, vénérée à la *Sainte-Baume* et à *Saint-Maximin*, n'était qu'une religieuse recluse du ive ou ve siècle ; que saint *Trophime* était un Evêque du iie siècle, que saint *Lazare* n'avait point subi le martyre à *Marseille*, mais à *Cytie* dans l'ile de *Chypre*, que sainte *Marthe* n'avait jamais évangélisé *Tarascon*, mais qu'elle avait fini ses jours à *Béthanie*.

Or, la tradition qui reconnaissait à Saint Probace la qualité de disciple du Sauveur, ne devait pas plus échapper à l'attaque que les autres. Car, pour être logique, l'erreur doit s'en prendre à tout ce qui renferme un rayon de lumière ou un germe de vérité.

En l'année 1736, la fête de Saint Probace était célébrée à Tourves, avec la plus grande pompe. Ce fut *messire J. B. Roux*, de la ville de Saint-Maximin, qui prononça le panégyrique du Bienheureux. Mais, au lieu de faire rouler son discours sur le caractère du véritable apôtre du pays, l'orateur retraça la vie et les œuvres de *saint Probace, prêtre de Saint-Cloud*. Il ne fallait point cependant, sous peine d'exciter d'universels murmures, heurter de front les enseignements de la tradition. Le prédicateur le comprit bien. Aussi chercha-t-il à harmoniser, à identifier même la vie et la mission, pourtant si distinctes, de ces deux Saints. Mais, qu'arriva-t-il? C'est que ce discours ne fut qu'un tissu d'erreurs historiques, plus ou moins grossières.

Suivant le Panégyriste, le Bienheureux invoqué à Tourves, n'était qu'un simple *prêtre*, un humble *confesseur* de la foi des environs de Paris.

Que répondait la tradition? Qu'affirmaient les divers tableaux, les ex-voto innombrables, l'Image même du Saint, ces mitres et ces crosses épiscopales gravées un peu partout? Que Saint Probace était regardé et honoré comme *Evêque*.

En second lieu, l'orateur faisait venir cet Apôtre du nord de la Gaule, pour convertir la Provence encore plongée dans l'idolâtrie. Or, la tradition, l'irrécusable histoire (1) enseignent que la Provence fut évangélisée, dès le premier siècle de l'Eglise, par les Disciples du Sauveur.

Enfin, dans sa péroraison, l'orateur s'écriait : « *Puis donc que je suis insensiblement « arrivé à la fin de la vie de saint Probace, « je dois être aussi à la fin de son éloge; car, « que me reste-t-il à vous dire de cet affreux « désert où Probace a fini ses jours? Je ne « ferai pas contre cette même montagne de « Tourves les mêmes imprécations que David « faisait contre les montagnes de Gelboé..... Je « sais que c'est là où est mort le vainqueur « des infidèles, le conquérant de la Religion* (2), etc., etc..... »

Or, que nous apprend l'histoire? Que le Bienheureux Prêtre de Saint-Cloud mourut à Saint-Cloud même, et non sur la montagne de Tourves.

---

(1) Voir le savant ouvrage de l'abbé Faillon sur l'Apostolat de sainte Marie-Madeleine en Provence.
(2) Panégyrique de saint Probace, prononcé dans l'église paroissiale de Tourves, le 25 août 1736, imprimé à Aix... page 29.

D'autres (1), en plus petit nombre, ont prétendu que le saint Patron de Tourves est le même que le saint *Promaise*, ou *Promace*, ou *Chromace*, ou *Probace*, abbé de Forcalquier.

La grande preuve sur laquelle s'appuient ces rares contradicteurs, est celle-ci : Il y a le nom d'un saint *Promasius* ou *Chromatius* ou *Probatius* plusieurs fois cité dans certaines *chartes* du *Cartulaire* de saint Victor. Donc, il est le même que celui du Bienheureux, honoré à Tourves.

Nous répondons :

1° Sur 16 chartes (2) qui font mention de ce Saint, la plus ancienne écrit : *Sancti Cromatii, confessoris dignissimi;* 14 autres ne citent jamais que *sancti Promasii* ou *Promacii*. Seule, la charte 653, années 1065-1079, cite deux fois *sancti Probatii*. Comment peut-on voir là, l'identité du *sancti Probatii* de Tourves, des *chartes* 325 et 221 ?

2° L'église de *Saint-Promase* ou *Chromace*,

---

(1) Nous avons entre les mains un manuscrit de quelques pages, dans lequel l'auteur s'efforce de prouver, mais vainement, l'identité de *saint Probace* et de *saint Promaise* ou *Promace*. On pardonne volontiers cette tentative à un esprit qui ne connaissait presque aucun des documents que nous possédons.

(2) Voir au cart. de saint Victor, les chartes 659, 660, 663, 664, 665, 666, 668, 669, 671, 673, 676, 678, 680, 843, 844, 848, 922, 973, 1131.

abbé de Forcalquier, ne fut fondée, d'après le martyrologe universel de *Chastelain*, que le 17 septembre 1035. Voici ses paroles : « Saint « *Promaise, Promasius*, abbé près de Forcal- « quier, *Fulnus Calcarius*, en Provence, où « *une église fut fondée, dédiée sous son nom* « *le 17 septembre 1035 et embellie en 1044* » *par Bertrand, marquis des frontières de* « *Provence, qui la donna à saint Victor de* « *Marseille* (1). »

Or, d'après la charte 325 (2), 15 novembre 1019, une église, bâtie en l'honneur de saint Probace, existait déjà sur la montagne de Tourves, et était donnée par l'archevêque d'Aix aux religieux de Saint-Victor. Comment Tourves aurait-elle devancé, par l'érection d'une chapelle, *Forcalquier*, la patrie même de ce saint Abbé ?

3° Au commencement même du XIe siècle, Tourves possédait, ainsi que nous le démontrerons (3), le corps de saint Probace. Forcalquier qui élevait, à peine, une église et un monastère, se glorifiait d'avoir aussi le corps

---

(1) Martyrologe universel de Chastelain : *Les Aémères*.
(2) Voir la note A, à la fin du vol.
(3) Voir le chap. XIII.

de saint Promaise. Comment, donc, ce même corps se serait-il trouvé simultanément dans ces deux lieux ?

4° Le saint Abbé de Forcalquier n'a jamais été élevé à la dignité épiscopale. Diverses chartes ne lui décernent que le titre de *confesseur très-digne*. Or, est-ce là le même saint Personnage, le Disciple du Sauveur, l'Evêque acclamé par la tradition du peuple de Tourves ?

Enfin, ce qui termine toute controverse, le nom de saint Probace, prêtre de *Saint-Cloud*, aussi bien que celui du saint Abbé de *Forcalquier*, sont mentionnés dans les *Martyrologes* et dans les *Actes* des Saints. Au contraire, d'après les déclarations du Conseil général, le nom du Saint vénéré à Tourves ne se trouve nulle part inscrit. Donc, il n'y a pas identité entre les Bienheureux de Saint-Cloud et de Forcalquier et celui qu'honore Tourves.

On le voit : les tentatives n'ont point manqué pour répandre la nuit sur l'antique dévotion du peuple de Tourves. Véritablement, si cette dévotion n'eût été que faible ou douteuse, si elle n'eût reposé que sur des données obscures ou mensongères, aurait-elle pu se maintenir toujours la même, toujours radieuse et profonde ? Dès lors, que peuvent contre cette croyance immémoriale et positive, des arguments basés sur de simples conjectures ou de gratuites probabilités ?

CHAPITRE IV

ANTIQUITÉ DE LA TRADITION ENSEIGNANT QUE SAINT PROBACE DISCIPLE DE N.-S. J.-C. EST MORT A TOURVES.

En établissant que Saint Probace a été Disciple du Sauveur et revêtu de la dignité épiscopale, nous n'avons point voulu insinuer que Tourves fut le siége de son église. Jamais la tradition n'a admis semblable témérité. Mais, ce qu'elle a constamment professé, c'est que ce saint Apôtre apporta la lumière évangélique dans ce pays et qu'il en convertit les habitants. Bien plus, elle a même enseigné qu'au milieu de ses courses apostoliques, Probace avait rendu le dernier soupir sur la montagne où s'élève son sanctuaire.

Loin de nous la pensée d'ajouter foi à tous les récits ou à toutes les légendes plus ou moins merveilleuses, inventés par le génie populaire, sur les circonstances de son trépas.

Il ne nous appartient nullement d'examiner ici, ce que ces narrations renferment de fondé ou de pieusement fictif. Notre devoir est de constater la croyance générale et les données sur lesquelles elle s'appuie. Nous citerons encore, comme véritable expression de cette foi, l'hymne sacrée de l'abbé *Durand* :

> *Verum, Deo præmonente*
> *Et ad cor illi loquente,*
> *Quærit solitudinem.*
> *Ad hunc ergo celsum montem,*
> *Vitam ducturus insontem*
> *Stat citra formidinem.*
> *Quid non egit vir beatus*
> *Et totus Deo dicatus*
> *In hâc solitudine?*
> *Felices qui meruêre*
> *Turvienses hanc videre*
> *Ejus pœnitentiam* (1).

L'oraison ajoute : « *Domine Jesu Christe... tribue nobis, quæsumus, ut cujus sacrum corpus in hoc monte veneraturi accedimus* (2)... »

---

(1) « Mais, sur un appel de Dieu qui parlait à son cœur, il chercha la « solitude et se retira, sans crainte, sur cette haute montagne, pour y « mener une vie d'innocence. Que ne fit point dans cette solitude, ce « Bienheureux Apôtre entièrement voué à Dieu ? Heureux les habitants « de Tourves qui ont mérité d'être les témoins de sa pénitence ! »

(2) « Seigneur Jésus-Christ, accordez, nous vous en prions, à nous qui « venons honorer, sur cette montagne, le corps sacré de saint Probace. »

Le fait de la mort de Saint Probace à Tourves a toujours été si universellement admis, que les contradicteurs eux-mêmes n'ont pas osé l'attaquer. Nous avons mentionné, au chapitre précédent, un panégyrique confondant le Disciple du Sauveur avec le Bienheureux *Prêtre* de *Saint-Cloud*. On se souvient que l'orateur assignait pour lieu de sa mort la montagne de Tourves. « *Je ne parlerai pas,* ajoutait-il, « *des prodiges arrivés après sa mort.*
« *Je sais que ses cendres ont toujours été des*
« *sources de vie, que son tombeau est encore*
« *aujourd'hui un lieu de protection, ses re-*
« *liques des principes de santé* (1). »

Jamais assertion plus téméraire et plus étrangement opposée à la vérité ! Le panégyriste ne l'ignorait point. Il savait bien que le Bienheureux *Probace* de *Saint-Cloud* était mort à *Saint-Cloud* même, et non à *Tourves*.

Mais il fallait ne pas contredire la croyance générale. Car, avancer que Saint Probace n'avait pas fini ses jours à *Tourves* et que son corps ne s'y trouvait point, c'était vouloir provoquer tous les anathèmes de l'assemblée.

---

(1) Panégyrique de Saint Probace par Messire J.-B. Roux, page 30.

Nous trouvons la même affirmation dans les paroles d'un cantique, de la même époque, identifiant aussi l'Apôtre de *Tourves* avec le Bienheureux *Prêtre* de *Saint-Cloud*. Nous citons :

> *Chantons le grand saint Probace*
> *Que la Grâce*
> *Conduisit dans ce pays.*
> *Il faut pour la sainte Eglise*
> *Que je dise*
> *Ce qu'il fit pour Jésus-Christ.*
>
> . . . .
>
> *Ce vertueux solitaire*
> *Ne fait faire*
> *Que du bien à son prochain,*
> *Et s'il quitte la montagne*
> *C'est qu'il gagne*
> *Du secours pour quelque humain.*
>
> . . . .
>
> *Quand je vois de la campagne*
> *La montagne*
> *De ce Saint si glorieux,*
> *Je suis rempli d'allégresse,*
> *D'une ivresse*
> *Qui m'élève jusqu'aux cieux !*
>
> . . . .

Mais abordons des documents d'une valeur plus grande.

La délibération du Conseil général du 9 décembre 1659 déclare que l'œuvre de la reconstruction de la chapelle de Saint-Probace s'est accomplie tant « *aux dépens de la
« dicte communauté que des charités et aus-
« mônes du peuple et étrangers amenés par
« dévotion au dict Saint lequel Dieu veut en
« vénération pour estre son corps, à ce qu'on
« estime, en la dicte chapelle* (1). »

De plus, nous lisons dans un registre antérieur de quelques années à la délibération précédente et renfermant divers comptes-rendus relatifs à la chapelle du saint Apôtre :
« *Trois tapis neufs, à diverses couleurs, pour
« la sépulture de Saint Probace et lesquels furent
« acheptés par le Frère Jean Hermitte, au
« lieu de La Cieutat.* »

Seize ans auparavant, dans la réunion du 5 août 1643, après avoir délibéré sur la réédification des chapelles, et exposé qu'il fallait faire mention des miracles et des révélations qui y étaient survenus, et en référer à l'Archevêque d'Aix, le Conseil veut que l'on informe aussi « *de la vénération du corps trouvé*

---

(1) Voir la note E, à la fin du vol.

« *en la dicte chapelle Saint-Probace* (1). »

Enfin, d'après des témoignages dignes de foi et dont nous apprécierons, plus loin, la valeur historique (2), le *corps* de Saint Probace était au nombre des reliques déposées dans l'église de *Saint-Estève*, dès le commencement du xie siècle. Mais les religieux Cassianites qui desservaient cette église, étaient, ainsi que nous le prouverons, en possession de ce trésor bien avant cette époque (3). Dès lors, comment la présence de ce corps sacré, nous apparaissant à travers les siècles même les plus reculés, ne serait-elle pas le témoignage le plus convaincant de la véracité de cette tradition?

Non, il n'est nullement question d'étudier ici les diverses circonstances qui amenèrent à Tourves la mort du saint Disciple. Que Dieu l'ait voulu préparer à sa fin dernière, en l'appelant dans la solitude, comme sainte Marie-Madeleine, ou qu'il l'ait délivré des liens de son corps, au milieu de ses travaux apostoliques, ce n'est point là ce qu'il nous faut

(1) Voir la note D, à la fin du vol.
(2) Voir le chap. XIII.
(3) Id., id.

constater. Mais ce que nous devons affirmer, ce qu'il faut admettre, ce que nul ne peut nier, c'est cet enseignement des siècles qui a toujours dit : « *Saint Probace est mort à* « *Tourves et son corps y a toujours reposé,* « *sous la garde jalouse de ses habitants.* »

Celui qui se rendrait à la chapelle vénérée, un jour de pèlerinage, verrait, non sans émotion, agenouillée à deux pas de la porte d'entrée, autour d'une simple barrière en bois, une foule d'hommes, de femmes et d'enfants. C'est là qu'est ordinairement exposée l'Image du saint Apôtre; là qu'on brûle de nombreux cierges bénits et que les pèlerins déposent les fleurs embaumées, cueillies sur la montagne. Demandez à cette multitude silencieuse et prosternée ce qu'elle vénère dans cette modeste enceinte ! Vous montrant une lourde pierre, posée sur le caveau qu'entoure la barrière, elle vous répondra : « *C'est ici le* « *tombeau de Saint Probace! C'est ici que les* « *premiers chrétiens l'ont enseveli le jour de* » *sa mort! Nos pères sont venus prier sur sa* « *tombe auguste; nous y venons comme eux,* « *en attendant que nos petits-fils y viennent* « *à leur tour!* »

Ce tombeau, autrefois riche et ornementé, n'offre plus aujourd'hui que l'aspect de la plus touchante simplicité. Il fut dégradé, les uns disent durant les guerres de Religion; d'autres, lors de la sanglante Révolution de 1793.

Concluons : D'après ce que nous avons dit jusqu'ici, elle est positive et immémoriale la tradition qui a constamment regardé Saint Probace comme Disciple du Sauveur et Apôtre de la Provence, et qui, de plus, lui a assigné, pour lieu de sa mort, l'humble cité de Tourves.

« *La question de l'existence de ce Saint,* écrivait le savant abbé Faillon à un Religieux de l'ordre de Saint-Bruno, *et celle de son culte*
« *sont indépendantes de son histoire. Combien*
« *de saints illustres sont honorés par l'Eglise*
« *universelle, sans qu'on puisse rien articuler*
« *de certain sur leur vie et leurs travaux!*
« *Les ravages des Sarrazins et leur séjour*
« *pendant 300 ans en Provence, expliquent*
« *l'absence de monuments écrits sur votre*
« *saint Patron. Mais son culte persévérant à*
« *Tourves, malgré les ravages, et son patro-*
« *nage surtout ne peuvent s'expliquer autre-*
« *ment que par la sainteté de sa vie et sa pré-*
« *cieuse mort qui l'ont fait invoquer dans ce*

« *pays et préférer à tous les autres saints,*
« *comme ayant donné aux habitants du lieu*
« *des marques plus particulières et plus écla-*
« *tantes de sa puissance dans le Ciel* (1).

(1) Lettre au R. P. Maurice, chartreux, originaire de Tourves et mort, il y a quelques années, dans la paix du Seigneur. Voir ce qui concerne ce religieux au chap. XIV.

CHAPITRE V

RÉPONSE A L'OBJECTION CONCERNANT LA RARETÉ DES DOCUMENTS SUR LESQUELS S'APPUIE LA TRADITION DU PEUPLE DE TOURVES.

APRÈS avoir parcouru les trois chapitres précédents, le lecteur pourra nous arrêter et nous dire : Quoi donc ! Pour appuyer vos assertions, vous n'avez jamais invoqué que la voix de la tradition populaire ! Ça et là, il est vrai, quelques extraits de *procès-verbaux* ou de *chartes*. Mais la critique ne se contente pas de si peu ! Donnez-nous des titres plus importants, des témoignages historiques, purifiés au feu de la discussion et capables de porter, par leur valeur, la conviction dans les esprits !

Voici notre réponse :

Et d'abord, à défaut de *documents* plus remarquables et plus nombreux, on serait tenu, sinon d'admettre, du moins d'entourer d'un grand respect une tradition constante, universelle, et qui nous arrive écrite sur de rares, mais précieuses épaves, le long de neuf siècles et plus.

En second lieu, l'absence d'autres documents en prouve-t-elle la non-existence? Nous disons, nous, que cette absence n'en peut accuser que la perte. En effet, depuis la fin du XVIᵉ siècle jusqu'au commencement du XIᵉ, époque où nous retrouvons plusieurs chartes faisant mention de la chapelle de Saint-Probace, qu'était devenue la terre de Provence? Un vrai champ de bataille, un lieu de luttes continuelles de seigneur à seigneur, ou le théâtre d'invasions étrangères. Au milieu de toutes les déprédations et de toutes les violences exercées, en ces temps malheureux, dans ce pays et particulièrement sur les terres de Tourves, comment aurait-il pu survivre quelques documents écrits?

Que dans des villes considérables on ait préservé de la destruction certains *monuments* précieux, on le conçoit, cela se pouvait. Mais, dans un humble bourg comme *Tourves*, cent fois pris et repris, théâtre, par intervalle, de catastrophes sanglantes, quels *manuscrits*, quelles *annales* pouvait-on dérober au pillage ou à l'incendie?

Qu'on nous permette de grouper, ici, quelques faits assez éloquents par eux-mêmes.

Déjà, en 1659, les chefs de maison déploraient amèrement, dans leur réunion solennelle (1), les grands malheurs qu'avaient amenés, à leur suite, les mouvements et le séjour des gens de guerre dans le pays. C'est ce qui avait empêché, en partie, de prendre en considération et de faire exécuter une sentence de l'Archevêque d'Aix, relative à la fête de Saint-Probace.

Quatre-vingts ans auparavant, en 1578, d'après Bouche (2), *Vins* et *Baudumont* surprenaient la ville de *Saint-Remy* et les lieux du *Val*, de *Tourves* et autres qui refusaient de payer les contributions ordonnées par le *comte de Carcès*.

Suivant Papon (3), vers le milieu du XVIe siècle, le *village de Tourves* était peuplé en grande partie de *Huguenots*. Aussi, fut-il en-

---

(1) Voir la note E, à la fin du volume.
(2) Bouche, chorographie de Provence.
(3) Histoire générale de Provence, IIe partie, remarques historiques.

vahi, en 1562, par les troupes de *Flassans* qui avaient, à leur tête, un *Cordelier*. Une lutte effroyable s'engagea entre les soldats et les habitants. Le carnage fut horrible. On pilla les maisons et on les livra à l'incendie, après les avoir teintes de sang.

En 1536, *Charles-Quint* signale son expédition de Provence par les plus grands excès. *Brignoles*, *Tourves*, *Saint-Maximin* et tous les autres villages jusqu'à *Aix*, sont voués au pillage, sans que les soldats y trouvent de quoi satisfaire leur avidité (1).

Un siècle avant ces événements, les Religieux de Saint-Victor, domiciliés à Tourves, sans cesse exposés aux réquisitions ou à la brutalité des gens de guerre, abandonnaient leur prieuré de Saint-Estève, et les habitants voyaient les nombreuses Eglises qui couvraient leur territoire, ravagées ou détruites (2).

Puis encore, vers l'année 1390, c'est *Francesquin Arcussia, Seigneur de Tourves*, qui est envoyé avec *Reforciat d'Agout*, au Pape Clément VII, pour lui demander permission de faire une levée sur les bénéfices, dans le

(1) Papon, hist. de Provence.
(2) Voir le chap. XIII.

but d'équiper des soldats contre *Raymond de Turenne* qui désolait le pays (1).

Est-il surprenant, après cela, qu'il ne nous soit parvenu aucun document écrit, ni de cette époque, ni des époques antérieures? Il faudrait plutôt nous étonner du contraire.

Un fait, cependant, est certain. De nombreux témoignages écrits nous attestent la foi ardente du peuple de *Tourves* envers Saint Probace, dans le courant du xvii{ᵉ} siècle. Cette dévotion s'étend même à toute la Provence (2). Or, si elle est si générale et si profonde alors, serait-ce parce qu'elle était nouvelle? Mais introduit-on, par hasard, le culte d'un *Saint* dans l'âme d'un peuple, comme on implante un arbuste inconnu au milieu d'un désert? Oui, nous admettons que dans une partie du xvi{ᵉ} siècle et au commencement du xvii{ᵉ}, cette dévotion ait été obscurcie, étouffée même, sous les coups des Calvinistes, si nombreux à *Tourves*. Mais en se manifestant immédiatement après, avec tant d'éclat, malgré le manque de documents historiques, malgré l'absence même du nom du *Saint* dans les *Actes* de

---
(1) De Gaufredy, éd. in-f°. — Aix 1694, pag. 262.
(2) Voir les notes D et E, à la fin du vol.

l'Eglise, n'est-il point vrai de dire qu'un semblable dévotion découle directement d'un source bien pure et bien profonde ?

Cette source remonte, en effet, si loin qu nous en saluons le passage au commencemen même du xɪᵉ siècle. Diverses *chartes* de cett époque nous attestent l'existence d'une *Eglis de Saint-Probace*. En ce temps-là, donc, o célébrait la fête de ce *Bienheureux*, on faisai le pèlerinage à la *sainte montagne*, on invo quait son nom et sa puissante protection. Mai ici encore, les documents antérieurs à ce siècl nous font défaut. Serait-ce parce qu'ils n'on jamais existé ? Nous répondons que c'es parce qu'ils ont dû périr.

En effet, que l'on se rappelle le lamentabl état de la Provence, pendant les trois ou quatr siècles qui précédèrent le xɪᵉ. Depuis le littora de la Méditerranée jusque dans l'intérieur du pays, la terre tremble sous les pas précipité des *hordes Sarrazines*. Semant l'épouvante su leur route, ces *Barbares* ne se donnent d'autr mission que celle de détruire, par le fer ou l flamme, tout ce qui porte un symbole de reli-gion, un caractère chrétien. « *Avides de pil-*« *lage*, nous dit un historien, *altérés de sang*

« ennemis jurés de la Religion et de ses mi-
« nistres..... ils remplissent tout de carnage et
« de terreur. Marseille livrée au pillage, la
« ville d'Arles saccagée, celle d'Aix dépeuplée
« ou par le feu de ces Barbares ou par la fuite
« des citoyens ; les murailles renversées et les
« églises dépouillées ; Cimiès enseveli sous ses
« ruines, le monastère de Lérins détruit et
« ses débris arrosés du sang de cinq cents
« Religieux : tel est le tableau des horreurs
« que les Sarrazins commirent en Provence
« au VIIIe siècle et qu'ils renouvelèrent, à di-
« verses époques, durant près de trois cents
« ans. On aurait dit qu'ils ne mettaient entre
« leurs courses sur les mêmes terres, qu'autant
« d'intervalle qu'il en fallait pour laisser
« réparer aux habitants leurs premières per-
« tes, afin de retrouver un plus riche bu-
« tin (1). »

« On s'est longtemps ressenti, ajoute le
même écrivain, « des ravages qu'ils firent en
« Provence. Nous regrettons encore aujour-
« d'hui les actes publics et les monuments
« littéraires qu'ils livrèrent aux flammes avec

(1) Papon ; hist. de Provence. Tome II, liv. II.

« *les monastères et les églises où ils étaient*
« *déposés* (1)... »

Ces trois siècles de pillage et de destruction n'expliquent-ils pas suffisamment l'absence de tout *document historique ?* En ce cas, peut-on nous opposer la moindre objection sérieuse ? Peut-on raisonnablement attaquer la légitimité et la perpétuité de la tradition du peuple de Tourves ? Alors, que l'on emploie le même argument contre l'histoire tout entière de la Provence ! Que l'on dise qu'avant cette époque, ce pays n'avait ni ses alternatives de paix et de guerre, ni son commerce, ni ses annales ! Car aucun *document* écrit ne nous l'atteste. Que l'on déclare que les Eglises d'Aix, de Riez, de Toulon, de Vaison, etc., etc., n'ont pas eu leur histoire, et que leurs traditions sont sans valeur, puisque leurs archives n'ont rien d'antérieur à l'an 1000 ! Mais, un tel raisonnement ne serait-il pas le comble même de l'absurde ? Est-ce qu'indépendamment des monuments contemporains qui ont disparu, la tradition orale, quand elle est éclairée, n'est

---

(1) Papon; hist. de Provence. Tome II, liv. II.

pas un motif puissant de *certitude* ? Quel critique de bonne foi oserait le nier ?

C'est ici, plus que jamais, le cas de citer cette phrase de Papon : « *Notre histoire ressemble à la campagne de Provence qui n'offrait aux yeux du spectateur que l'horreur d'un vaste désert* (1). »

Ainsi, elles sont tout-à-fait dénuées de fondement les difficultés que l'on voudrait élever contre nos assertions, sur l'absence des anciens *documents* écrits.

Mais, si Tourves a perdu, dans le cours des âges, les *annales* de sa tradition sainte, la Providence lui réservait, comme un précieux trésor, un *témoignage historique* destiné à illuminer sa foi des plus pures clartés !

(1) Histoire de Provence. Tom. II, liv. II.

CHAPITRE VI

PRÉCIEUX DOCUMENT DE RABAN-MAUR RELATIF A L'APOSTOLAT DE SAINT PROBACE. — SON IMPORTANCE. — SA PARFAITE CONCORDANCE AVEC LA TRADITION LOCALE.

Vers le milieu du xvii° siècle, tandis que le peuple de Tourves affirmait, avec un enthousiasme si vif, ses antiques croyances, un homme tristement célèbre entreprenait une sacrilège campagne contre l'apostolat de Marie-Madeleine en Provence et des autres disciples du Sauveur. C'était *Launoy*, dérisoirement surnommé le *Dénicheur de Saints*. Né en 1603, à Valdéric, près de Coutances, cet homme naturellement porté à la contradiction et à la dispute, se crut appelé du Ciel à une grande mission, celle de discuter, d'approfondir, mais surtout de rejeter les actes et les histoires des Saints.

Nos glorieuses traditions de Provence lui

semblaient être particulièrement à charge. Aussi n'épargna-t-il rien pour les discréditer et les faire tomber dans le ridicule et l'oubli.

De telles attaques ne pouvaient manquer d'exciter dans les esprits des impressions profondes. Les amateurs de nouveautés, les hommes enclins au dénigrement et à l'impiété poussèrent des cris de joie. Mais les cœurs droits, ceux qui étaient attachés à la foi des Anciens, ne purent contenir leur juste colère. De toutes parts s'élevèrent contre l'audacieux contradicteur, des protestations énergiques. On dénonça ses opuscules, couverts des livrées d'une science trompeuse, au Parlement d'Aix qui en ordonna immédiatement la suppression.

On fit plus. Des écrivains distingués entreprirent de réfuter les allégations mensongères de Launoy. On remarqua parmi les principaux, le Jésuite J.-B. Guesnay, le Dominicain Michel Jourdan et l'Historien de la Provence, Honoré Bouche.

Launoy ne se tint pas pour battu. Il entassa répliques sur répliques. Un instant il cria et on chanta victoire. Les témoignages semblaient être puisés à si bonne source et l'argumentation paraissait si vigoureuse et si serrée ! On comptait sans la Providence.

Le siége de Vaison était alors occupé par un des plus savants Prélats qu'ait possédés le xviie siècle. Nous avons nommé Suarès. Successivement prévôt de la cathédrale d'Avignon, sa patrie, Camérier du Pape Urbain VIII, puis Evêque de Vaison, il fut enfin promu Bibliothécaire du Vatican et Vicaire de la Basilique de Saint-Pierre de Rome.

D'un esprit vif et pénétrant, d'un jugement sûr et droit, d'une vaste mémoire, mais surtout d'une érudition sans limites, Suarès avait choisi, pour domaine de ses investigations, le champ des antiquités profanes et sacrées. Les heureuses découvertes qu'il y fit et les précieux ouvrages dont il enrichit la république des lettres, l'ont toujours fait regarder comme l'un des hommes les plus érudits de son temps (1).

Un si vaillant athlète ne pouvait rester inactif devant les attaques de Launoy. Il le devait d'autant moins qu'il se trouvait mieux

---

(1) Suarès a donné : *De vestibus litteralis, sive quibus nomina intexta sunt* 1653, in-4°; *Prænestes antiqua, libri duo cum numismatibus, inscriptionibus et figuris*, 1655, in-4°, ouvrage plein de curieuses recherches; *Arcus Septimi Severi Augusti*, 1676, in-fol. avec figures, travail estimé, etc., etc. (Dict. Dezobry.)

à portée d'interroger la voix des traditions de Provence et de constater les témoignages de l'Histoire.

Il commença donc par réfuter les assertions de son adversaire dans un écrit qu'il intitula : *Vindiciæ sanctæ Mariæ Magdalenæ pro ejus appulsu in Provinciam Narbonensem.* Malheureusement engagé, alors, dans la composition d'autres ouvrages considérables, entre autres de la *Gaule chrétienne* à laquelle il joignit l'Espagne et l'Italie, puis retenu à Rome par le Pape Clément IX qui le nomma Préfet de la Bibliothèque vaticane, le savant Prélat ne put mettre la dernière main à son œuvre. Il tint cependant à voir Launoy et à controverser avec lui (1). Les témoignages qu'il apporta furent si concluants, ses inductions si fortes et si nettes, son argumentation si irrésistible que Launoy, battu sur tous les points, promit solennellement de se rétracter. Il tint parole, en effet, jusqu'en l'année 1660. Mais attaqué de nouveau et, cette fois, sans ménagement par le P. Guesnay, il reprit les armes, retira

---

(1) Voir la curieuse controverse de Suarès avec Launoy, en présence du cardinal Mazarin, rapportée dans le Mercure de France du mois de décembre 1723.

sa promesse et se mit à défendre, avec une véhémence inouïe, moins les droits de la justice et du vrai que le terrain de son amour-propre blessé.

Le peuple de Tourves ne pouvait, pour la défense et la confirmation de sa foi, consulter un meilleur juge que l'Evêque de Vaison. Qui mieux que Suarès, avait étudié à sa véritable source, l'origine des événements primitifs du Christianisme, et plus particulièrement, de nos traditions provençales? Par conséquent, qui pouvait prononcer, avec plus de compétence, une sentence d'approbation ou de condamnation sur les croyances d'un lieu ou d'une église? Les Consuls Tourvains ne manquèrent pas de recourir à cette grande lumière. Ils lui déléguèrent, en l'année 1644, ainsi que nous l'avons vu au Chap. III, un des hommes les plus éclairés du pays, le prélat Bouis. L'envoyé fit au savant évêque un récit exact de la foi des habitants, et lui communiqua les témoignages divers sur lesquels cette foi s'appuyait. Suarès fut tellement frappé de l'analogie de cette tradition avec d'autres semblables, et surtout de son harmonie parfaite avec un *ancien document* qu'il possédait, qu'il adressa aux Consuls de Tourves la lettre suivante :

Messieurs,

« Je loue grandement votre piété et bénis Dieu
« qui vous la cause pour sa gloire et pour y contri-
« buer ce que je puis. Voici le Mémoire que j'ai de
« Saint Probace, tiré d'un vieil parchemin auquel
« il estoit escrit en lettres anciennes d'environ 600
« ans. Ce parchemin estoit le premier feuillet d'un
« Code manuscrit des homélies de Hrabanus (1).
« Les Moines de l'abbaïe de Saint-André-les-Avi-
« gnon me l'avoient donné et je l'ai adressé à
« Monseigneur le Cardinal Barberini, neveu de
« Notre Saint-Père, qui m'a fait l'honneur de le
« garder dans sa Bibliothèque :

Incipit prologus sanctorum discipulorum Xti qui cum XII apostolis fuerunt in coenâ Domini ex quibus fuit Sanctus Probacius.

Post ascensionem itaque Salvatoris, imminente persecutione, egressi de Hierusalem, per mare devenerunt in Aquileiam civitatem, indèque pervenerunt in urbem quae Ravena dicitur, ubi requiescit sanctus Vitalis et sanctus Apollinaris.

(1) Raban-Maur, évêque de Mayence, né en 770, mort en 856.

Dictus verò Probacius et socii ejus corpora sanctorum supradictorum sepelierunt. Annos quoque tres et menses quinque commorautes ibidem, praedicaverunt nomen Christi populis istis baptizaveruntque eos. Completis namque praedictis diebus, surrexerunt simul sancti Dei, elevantesque vela, per mare navigare coeperunt, perrexeruntque ad Urbem Romam, ibique invenerunt sanctum Trophimum, qui eodem tempore, perrexit cum illis, cum multis classibus navium demoratique sunt in navi, anno uno, remansitque unusquisque ubi voluit ad portum maris. Sanctus quoque Probacius Alpibus transvectus, Massiliam venit ibique coepit praedicare populum et baptisare, quousque Dominus jussit illius animam exire de saeculo. Sed tantum nescio ubi requiescit corpus. Hoc tantum scio quia VIII calendas septembris migravit ad Dominum, regnante Domino nostro Jesu Christo. Amen (1).

(1) « Voici le prologue des saints Disciples du Christ qui assistèrent,
« avec les douze apôtres, à la cène du Seigneur. De ce nombre fut Saint
« Probace. Après l'ascension du Sauveur, lorsque la persécution était
« sur le point d'éclater, des disciples quittèrent Jérusalem et arrivèrent
« par mer dans la ville d'Aquilée. De là, ils se dirigèrent vers la ville de
« Ravenne où reposent saint Vital et saint Apollinaire. Or, Probace et
« ses compagnons ensevelirent les corps des saints prénommés. Ils
« séjournèrent dans ce pays pendant trois ans et cinq mois, prêchant le
« nom du Christ à ces peuples et les baptisant. Ce laps de temps écoulé,

« *Voilà tout ce que j'en ai comme M. Bouis qui
« m'a porté le vôtre et m'a informé de votre dévo-
« tion vous dira : Si je puis recouvrer quelque autre
« chose, je vous en aviserai et m'estimerois heu-
« reux de seconder ce savant et saint Prélat, de
« vous découvrir ce trésor et de vous témoigner en
« une si pieuse occasion que je suis,*

« Messieurs,

« *Votre très-affectionné serviteur,*

« † JOSEPH-MARIE,

« Évêque de Vaison.

« A Vaison, le 16 août 1644. »

Nul ne peut se dissimuler l'importance d'un tel document. Le nom de celui qui l'envoie aux Consuls de Tourves, l'autorité de Raban-Maur qui en est le rédacteur, sa haute antiquité, la reconnaissance avec laquelle il est accepté par les habitants, la concordance

---

« les hommes de Dieu se levèrent et, mettant à la voile, ils traversèrent
« la mer et abordèrent à la ville de Rome. Là, ils trouvèrent saint Tro-
« phime qui partit en même temps avec eux. Suivis d'un grand nombre
« de navires, ils demeurèrent dans leur barque pendant un an; chacun
« s'arrêta où il voulut, près d'un port de mer. Cependant Saint Probace,
« ayant passé au-delà des Alpes, vint à Marseille; il y prêcha et baptisa
« jusqu'au jour où le Seigneur ordonna à son âme de sortir de ce siècle.
« J'ignore seulement le lieu où repose son corps. Tout ce que je sais,
« c'est que cet Apôtre s'en alla vers le Seigneur, le 8 des calendes de
« septembre, sous le règne de Notre-Seigneur Jésus-Christ. *Amen.* »

parfaite qui règne entre ce témoignagne et la tradition locale, tout, en un mot, ne nous annonce-t-il pas que les croyances du peuple de Tourves étaient fondées sur les bases mêmes de la vérité ?

Que disait la tradition ? Elle faisait de Saint Probace un Disciple du Sauveur.

Que dit le document ? « *Voici le prologue des saints Disciples du Christ qui assistèrent avec les douze Apôtres à la cène du Sauveur. De ce nombre fut Saint Probace* (1). »

La tradition enseignait que ce saint Disciple était venu, de Judée, évangéliser la Provence avec d'autres Disciples du Sauveur.

Le document nous affirme que Probace partit de Jérusalem avec d'autres Apôtres, qu'il aborda en Italie, à Rome et, delà, passa en Provence.

La tradition enseigne que Saint Probace prêcha la Foi à Tourves et qu'il en convertit les habitants.

Le document relate que ce saint Apôtre vint à Marseille et qu'il y prêcha et baptisa. Or, Saint Probace ne put se fixer dans cette der-

(1) *Incipit prologus sanctorum Discipulorum Christi*, etc., etc. Voir ci-dessus.

nière ville, attendu que saint Lazare la gouvernait déjà, comme Evêque. Il évangélisa donc les peuples circonvoisins de la cité Phocéenne, et Tourves fut de ce nombre.

La tradition déclare que Saint Probace mourut à Tourves et que son corps y repose encore.

Le document, il est vrai, ne fixe nullement le lieu de sa mort, il l'ignore même. Assurément, si Saint Probace eût fini ses jours à Marseille, ou dans une autre ville renommée, on en aurait conservé le souvenir, et le document l'eût mentionnée. Ce Disciple mourut donc dans un lieu obscur, où son corps fut enseveli. Mais ce lieu obscur, inconnu, n'est-ce pas l'humble cité de Tourves ?

En présence de cette unité merveilleuse, de cet admirable accord entre la tradition, d'un côté, et le témoignage de l'Histoire, de l'autre, comment un esprit droit ne saluerait-il pas la lumière même de la vérité ?

Mais examinons avec soin la valeur de ce document !

CHAPITRE VII

EXAMEN CRITIQUE DU DOCUMENT ATTRIBUÉ A RABAN-MAUR.
— SON AUTHENTICITÉ. — SA VALEUR HISTORIQUE.

Nous venons d'insinuer que le *Mémoire* cité au Chapitre précédent, émane de Raban-Maur. Cette assertion est-elle véritablement fondée ?

Tout nous porte à le croire, et jusqu'à preuve du contraire, nous soutenons l'affirmative.

D'abord, nous émettons ce principe, et nul ne le contestera, que pour démontrer l'authenticité d'un document, il n'est nullement requis de produire le manuscrit autographe. Autrement on ne pourrait prouver celle d'aucun ouvrage de l'antiquité profane ou sacrée : « *On n'a plus à présent les autographes des* « *livres sacrés*, disent les auteurs du nouveau « traité de diplomatique, *on n'a plus ceux des*

« *versions authentiques ; on n'a plus ceux des*
« *historiens et des auteurs profanes* (1). »

Evidemment, la critique même la plus sévère ne peut et ne doit exiger que des copies non suspectes de ces documents autographes. Ce principe reconnu, nous avançons que le *Mémoire* de Saint Probace étant la reproduction fidèle du manuscrit autographe, émane de Raban-Maur lui-même.

Examinons, en effet, quel a toujours été, sur cet ancien document, l'avis des hommes les plus compétents et les plus éclairés.

Les Religieux de la vieille abbaye de Saint-André d'Avignon qui possèdent ce titre, l'offrent en présent à l'illustre Suarès, comme étant le premier feuillet d'un Code manuscrit des homélies de l'Evêque de Mayence. Or, peut-on croire que ces moines dont le principal devoir était d'étudier et de transcrire les anciens documents, se soient mépris sur la provenance de celui-ci ? N'est-il pas évident que ce premier feuillet était de Raban comme le reste de l'ouvrage ? Suarès, qui avait consacré ses jours à l'étude de l'archéologie profane et

(1) Tome I, page 228.

sacrée, devait certainement fort bien s'entendre à reconnaître l'authenticité d'un titre. Que pense-t-il de celui-ci? Bien loin d'élever le moindre doute sur son origine, il maintient les allégations des Religieux Avignonnais. On voit qu'il a étudié à fond le précieux mémoire et qu'il en apprécie la valeur. C'est pour cela qu'il s'empresse d'en faire hommage au neveu même du Pape Urbain VIII, le Cardinal Barberini, qui l'accepte avec reconnaissance et le place dans sa bibliothèque (1).

De plus, lorsqu'en 1644, les Consuls de Tourves déléguèrent une députation à Vaison, l'illustre Prélat aurait-il livré, comme un titre d'un grand prix, le manuscrit tiré d'un Code de Raban-Maur, s'il l'eût regardé comme un document apocryphe, dénué de valeur, sans caractères d'authenticité? En ce cas, quelle responsabilité, en sa conscience d'Evêque et de savant, n'eût-il pas assumé devant Dieu et devant l'histoire?

Allons plus avant, et demandons à la cour de Rome son précieux témoignage.

En l'année 1659, nous l'avons vu, l'abbé

---

(1) La bibliothèque Barberini, dans le palais de ce nom, renferme plus de 50,000 volumes et plus de 7,000 manuscrits.

Durand, muni de tous les pouvoirs et de toutes les pièces nécessaires à sa mission, entreprenait le voyage de la Ville Eternelle afin d'y obtenir l'autorisation « *de la commé-* « *moration de la feste de Saint-Probace à* « *perpétuité à chascun jour dixième de sep-* « *tembre* (1). » Le pieux abbé s'adressa directement à Suarès qui exerçait, alors, la charge de Préfet de la Bibliothèque vaticane. Le Prélat, déjà instruit de la tradition du peuple de Tourves, introduisit lui-même la requête auprès de Sa Sainteté. On étudia les divers témoignages dont se trouvait pourvu l'abbé Durand, on les compara, on les approfondit avec le plus grand soin. Mais, parmi les titres qui attirèrent l'attention de la Cour romaine, le principal fut, sans contredit, le *Mémoire* extrait du Code de Raban-Maur. Or, on dut si bien en constater l'authenticité que le Pape Alexandre VII, par un Bref (2) en date du 18 mars 1660, tout en concédant les indulgences demandées, ordonna, en se basant uniquement sur la valeur de ce témoignage, que la fête du saint Disciple, ordinairement

(1) Voir la note E à la fin du vol.
(2) Voir la note G,   id.

célébrée le 10 septembre, serait transférée au VIII des calendes de ce mois, c'est-à-dire au 25 août « *attendu,* disent les procès-« verbaux, *qu'il s'est trouvé que feust le jour* « *de sa mort* (1). »

Dans ces derniers temps, des hommes d'un rare mérite ont aussi donné, sur ce Mémoire, leurs sages appréciations. En 1828, l'abbé Castellan (2), professeur d'histoire ecclésiastique et doyen de la Faculté de Théologie d'Aix, adressait à M. Mercurin, curé de Tourves, une lettre à laquelle nous empruntons le passage suivant : « *Pour m'assurer de l'existence* « *du manuscrit mentionné, j'écrivis en 1819* « *à M. Reynaud* (3), *votre condisciple, alors* « *à Rome, auprès du comte Portalis. Il fut le* « *chercher dans la Bibliothèque Barberini,... il* « *le trouva sous le n° 137 et m'en envoya une* « *copie en tout conforme mot à mot à celle* « *qu'en avait donnée l'illustre Evêque de* « *Vaison aux Consuls de Tourves. M. Reynaud* « *remarque que l'écrit est en caractères demi-*

---

(1) Voir la note F, à la fin du vol.
(2) Voir la note J,   id.
(3) M. Reynaud, archéologue fort distingué, fut plus tard nommé Bibliothécaire de la Sorbonne.

« *gothiques et a beaucoup d'abbréviations* (1). »

L'abbé Faillon qui n'a connu le document que par une simple copie, répondait en 1866 « *qu'il est probable que cette leçon écourtée* « *et tirée d'une autre, avait été analysée par* « *Raban-Maur lui-même... D'après ce docu-* « *ment, il n'est pas douteux que Saint Probace* « *n'ait été Disciple de Notre-Seigneur* (2). »

Ce document se retrouve encore aujourd'hui, nous pouvons l'affirmer, dans cette même Bibliothèque et au même numéro sous lequel il a été désigné ci-dessus.

Nous objectera-t-on, maintenant, que ce Mémoire n'a jamais été livré à l'impression et qu'on ne le voit dans aucune des œuvres de Raban ? Cette difficulté s'évanouit bien vite, dès que l'on connaît tant soit peu le génie et le caractère de l'Evêque de Mayence. « *Raban*, nous dit l'abbé Faillon, « *n'était pas seule-* « *ment l'homme le plus consulté, il était* « *l'écrivain le plus laborieux de son siècle.* « *L'abbé Trithème assure que personne, parmi* « *les Allemands, ne laissa jamais un si grand* « *nombre d'écrits; que son ardeur pour écrire*

---

(1) Voir la note J à la fin du vol.
(2) Lettre de l'abbé Faillon au R. P. Maurice, chartreux.

« était infatigable ; qu'il écrivit jusqu'à la
« mort ; et Mabillon ajoute que ses travaux
« littéraires n'étaient interrompus ni par le
« soin qu'il avait d'instruire les autres, ni
« par les devoirs de la vie monastique ou
« par les différentes occupations de sa charge,
« ni même par les maladies dont il ne fut
« pas exempt. Aussi en quelque grand nombre
« que soient les ouvrages de Raban qui nous
« restent, il est certain qu'il en composa
« plusieurs autres, ou ensevelis jusqu'ici dans
« l'obscurité, ou perdus sans ressource. De-
« puis l'impression de ses œuvres, on en a
« retrouvé quelques-uns qui ont été donnés
« au public (1). »

Mais quelle est l'ancienneté même du manuscrit? D'après le docte Suarès, il remonte à 600 ans de date. M. Reynaud, archéologue fort distingué, ajoute, et nous l'attestons nous-même, qu'il est écrit en lettres demi-gothiques et avec beaucoup d'abréviations. Or, c'est ainsi, d'après l'histoire de la paléographie, que l'on peignait au xe et au xie siècle. Pour s'en assurer, il n'y a qu'à comparer

---

(1) Monuments inédits sur l'Apostolat de sainte Marie-Madeleine en Provence. Tom. II, pag. 9.

ce manuscrit avec les rares documents de cette époque : la similitude est parfaite. Pour le moins, donc, cette pièce revêt un caractère d'ancienneté de plus de 800 ans. Dès lors quelle n'est pas sa valeur dans la balance de la critique historique? Et si à cela nous ajoutons que ce document s'accorde en tous points, non pas seulement avec l'histoire de l'Eglise et avec les croyances du temps, mais aussi et tout particulièrement avec la tradition immémoriale du peuple de Tourves, comment ne ferait-il point foi de l'original?

Nous pouvons même être plus rigoureux dans notre conclusion et dire : Qu'on nous cite un témoignage écrit, offrant plus de conformité avec les événements de l'histoire et se détachant d'une époque plus reculée? Sait-on de quel siècle date le manuscrit de la Vie de sainte Marie-Madeleine par Raban-Maur? Tout au plus s'il remonte au xiiie siècle. Et cependant sa valeur est incontestable, ainsi que l'a victorieusement démontré l'abbé Faillon. Au surplus, combien d'autres documents qui ont trait à la Vie des Saints et qui sont regardés comme authentiques, sans pouvoir les faire remonter au-delà du xive siècle!

Il est encore un point à signaler en faveur de notre proposition.

Au XVII⁰ siècle, tandis que Suarès et la cour de Rome admettaient l'authenticité du Mémoire de Saint Probace, on ignorait que Raban-Maur eût écrit autre chose sur l'Apostolat des Saints de Provence. Mais, depuis, on a découvert de cet Evêque, la grande Vie de sainte Marie-Madeleine et de sainte Marthe. Lors donc que Suarès et la Cour romaine semblent ne concevoir aucun doute sur la provenance de cet écrit, ne s'appuyaient-ils point sur les bases mêmes de l'évidence? On comprendrait que les savants de l'époque eussent élevé quelques difficultés sur l'authenticité de ce titre : ils ignoraient la plupart des écrits de l'Evêque de Mayence. Mais à cette heure, où nous savons que Raban-Maur s'était fait l'éloquent et pieux historien de nos traditions de Provence, et qu'il recueillait, avec la plus minutieuse fidélité, toutes les circonstances de ce grand événement, le doute est-il permis?

Il est vrai qu'en comparant le *Mémoire* de Saint Probace avec la grande histoire de sainte Marie-Madeleine, on trouve des variantes dans les détails. Mais cela infirme-t-il notre proposition ? Qui prétendrait le prouver ? Au contraire, ces faibles divergences nous amènent à démontrer que si, dans la Vie de sainte Marie-Madeleine, Raban écrit une histoire complète, dans le Mémoire de Saint Probace, il ne nous donne qu'une « *leçon écourtée et* « *tirée d'une autre,* » comme le remarque l'abbé Faillon.

Quelle est, en effet, la première impression que l'on éprouve à la lecture de ce Mémoire ? Pour peu que l'on soit initié à l'étude de la langue latine, on ne peut s'abstenir de remarquer de nombreuses négligences dans la forme. Ce sont des transitions brusques, des tournures de phrases malsonnantes, une certaine précipitation dans l'allure des mots et du récit. Mais ce qui indique surtout que ce titre n'est qu'un abrégé succinct d'une histoire plus détaillée, ce sont les nombreuses omissions d'épithètes ou de périphrases, toujours usitées dans ces sortes d'écrits. Que l'on compare ce Mémoire avec les anciens Actes de sainte Marie-Madeleine, de saint Lazare, des SS. Maries Jacobé et Salomé, de saint Saturnin, etc., etc., et l'on verra combien notre assertion est légitimement fondée !

Concluons donc que si, d'une part, les autorités les plus graves, le contexte du manuscrit, ses lettres demi-gothiques, ses nombreuses abréviations nous attestent la haute ancienneté et l'authenticité non suspecte de ce titre, d'autre part, ses formes négligées et ses diverses omissions nous accusent une copie fort abrégée d'un manuscrit plus ancien et plus complet dont il nous faut élucider l'origine et signaler la valeur.

CHAPITRE VIII

ANCIENNETÉ DES ACTES PRIMITIFS DE SAINT PROBACE. — LEUR VÉRACITÉ. — LEUR ADMIRABLE CONCORDANCE AVEC TOUS LES DOCUMENTS RELATIFS AUX TRADITIONS DE PROVENCE.

Il est manifeste qu'on ne peut élever de difficultés sérieuses sur l'authenticité du Mémoire de Saint Probace. A plus forte raison, ne viendra-t-il à l'esprit de personne de contester la probité et la sincérité de celui qui en est véritablement l'auteur. Car, prétendre que Raban ait été capable de se tromper ou de nous tromper, en altérant les Actes primitifs sur lesquels il a analysé son Mémoire, c'est ne pas connaitre le premier mot de son caractère et de ses vertus.

« *Raban,* nous dit le Propre de l'Eglise de Mayence, « *brilla dans son temps comme*
« *l'astre le plus éclatant de l'Eglise. Les*

« *écrits qui nous restent de lui, rayons ardents*
« *de son génie, démontrent la puissance et la*
« *vertu de la source de laquelle ils sont éma-*
« *nés. Illustrée par eux, l'Allemagne peut se*
« *glorifier, elle aussi, d'avoir eu son Docteur*
« *qui n'est pas trop inférieur aux plus grands*
« *et qui a mérité d'être appelé un arsenal de*
« *science.* » Ajoutons avec l'abbé Faillon qu' « *à*
« *cause de son caractère bien connu, Raban*
« *est de beaucoup supérieur à une multitude*
« *dont la sincérité n'a jamais été suspectée*
« *par personne. Raban n'était pas seulement*
« *reconnu pour un homme très-intègre, on le*
« *respectait comme un saint durant sa vie, et*
« *après sa mort, les peuples allaient vénérer*
« *son tombeau où il s'opéra des miracles. Bien*
« *plus, il était l'homme le plus exact de son*
« *siècle lorsqu'il rapportait les sentiments de*
« *ses devanciers* (1). »

Il n'est donc pas permis de supposer qu'en résumant les Actes primitifs de Saint Probace, l'Evêque de Mayence leur ait porté la moindre altération.

Mais la question capitale à résoudre est

---

(1) Monuments inédits, etc. Tome II, page 45.

celle-ci : A quelle époque faut-il assigner l'origine même de ces Actes primitifs ?

Un premier fait à constater, c'est que Raban ayant vécu une partie du VIIIe et du IXe siècle, il suit de là, naturellement, que les Actes de Saint Probace sont antérieurs à cette époque. D'ailleurs, un aveu précieux à formuler, c'est que les Vies des Saints de Provence étaient déjà réputées anciennes par Raban-Maur lui-même. Les Actes de Saint Probace, comme ceux de sainte Marie-Madeleine, de saint Lazare, de saint Maximin, etc., etc., ne datent donc point de ce temps. Faut-il placer leur berceau au VIIe ou au VIe siècle ? Nous ne le pensons point ; car, si l'on compare le fond du récit des Actes de Saint Probace avec ce que l'on écrivait alors, il faut reconnaître qu'ils sont même antérieurs à ces deux siècles.

« *Au VIIe siècle*, disent les auteurs de l'histoire littéraire de la France, « *on continua*
« *comme au VIe à se plaire aux prodiges et à*
« *ne goûter que le merveilleux et l'extraordi-*
« *naire, et presque toutes les Vies des Saints*
« *que l'on composa alors sont plutôt des éloges*
« *et des panégyriques que les relations simples*
« *et naïves de leurs actions et de leurs vertus.*

« *On y employa une fausse éloquence qui ne consistait qu'en des pensées peu justes et naturelles, des tours guindés, des expressions affectées, des pointes recherchées, un amas d'épithètes sans ordre, sans discernement ; des cadences réitérées, mais plus propres à ennuyer qu'à réveiller l'attention du lecteur ; en un mot, une manière de s'énoncer qui ne tendait qu'à se rendre inintelligible* (1). »

Or, peut-on dire des Actes de Saint Probace qu'ils se ressentent du style et du merveilleux de cette époque? N'est-ce pas le contraire qu'il faut affirmer? Ici, nulle recherche, nulle affectation dans la pensée, nulle prétention dans la forme ; point d'apologie, point de prodiges, point de merveilleux, mais l'histoire simple et naturelle d'un fait, le naïf et fidèle récit de la Vie d'un Apôtre.

La lumière sur ce point devient plus éclatante, lorsqu'on met en parallèle les *anciens Actes* avec d'autres semblables, ayant trait aux mêmes événements. Prenons, pour exemple, entre autres, la Vie de sainte Marie-Madeleine,

---

(1) Histoire littéraire de la France. Tome III, page 455.

composée au v⁰ siècle. En la rapprochant de celle de Saint Probace, on dirait que celle-ci, abrégée par Raban, est, en quelque sorte, de la même main qui écrivit la première.

Nous en appelons au jugement du lecteur.

VIE DE SAINTE MARIE-MADELEINE	VIE DE SAINT PROBACE
« *Post Dominicæ resurrectionis gloriam, ascensionisque triumphum erant omnes credentes.*	« *Post ascensionem Salvatoris.*
« *Persecutionis procella sæviente, dispersi credentes petierunt diversa regna... Iter usque ad mare direxerunt.*	« *Imminente persecutione, egressi de Hierusalem per mare devenerunt in Aquileiam civitatem.*
« *Ascendentes navem prospero cursu pervenerunt Massiliam.*	« *Probacius, Alpibus transvectus, Massiliam venit...*
« *Ibique... divini verbi cunctis semina largiter erogantes... ut populum ipsius regionis incredulum... ad agnitionem et cultum Dei*	« *Ibique cœpit prædicare populum et baptisare...*

« *omnipotentis perduce-*
« *rent.*
« *Transiit autem XI*
« *kalendarum Augusta-*
« *rum* (1)...

« *VIII calendas sep-*
« *tembris migravit ad*
« *Dominum* (2). »

Ces deux documents n'exhalent-ils pas les mêmes parfums de véracité et d'ancienneté? Même événement raconté avec le même esprit de simplicité, même début, même cause de départ : la persécution, même suite dans les pensées, même enchainement des faits, même fin du récit. Toute la différence entre ces deux Vies consiste dans la forme. Dans la première, celle de sainte Marie-Madeleine, on voit une histoire élégante et correcte; dans la seconde,

---

(1) « Après la gloire de la résurrec-
« tion du Seigneur et le triomphe de
« son Ascension, ils persévéraient
« tous dans la même foi.

« Lorsque la tempête de la per-
« sécution éclata, les fidèles se dis-
« persèrent et gagnèrent les divers
« royaumes de l'univers.....

« Entrant dans un navire, grâces
« à une heureuse traversée, ils ar-
« rivèrent à Marseille.....

« Là, ils distribuèrent largement
« à tous, la semence de la divine
« parole, afin d'amener le peuple
« incrédule de cette contrée à la
« connaissance et au culte du Dieu
« Tout-Puissant.....

« Or, elle mourut le XI des ca-
« lendes d'août. »

(2) « Après l'ascension du Sau-
« veur.....

« Quand la persécution menaça
« d'éclater, les disciples étant sor-
« tis de Jérusalem, arrivèrent par
« mer dans la ville d'Aquilée.....

« Probace ayant passé au-delà
« des Alpes, vint à Marseille.

« Là, il commença par prêcher la
« Foi au peuple et le baptisa.....

« Il s'en alla vers le Seigneur le
« VIII des calendes de septembre. »

un abrégé succinct d'un document plus développé. Mais le fond de ce document primitif, en tout si conforme à celui de sainte Marie-Madeleine, n'accuse-t-il pas la même correction, la même élégance, le même style ? Dès lors, si ces deux *Vies* n'ont pas la même main pour auteur, n'est-il pas manifeste qu'elles doivent avoir le même siècle pour berceau ?

Au surplus, que les Actes de Saint Probace soient antérieurs au VIIe et au VIe siècle, la véracité même du récit nous l'indique clairement. Nous le trouvons, en effet, identique en tous points aux croyances et aux écrits de ces temps reculés.

Nous lisons dans les *Actes* que Saint Probace fut un des 72 Disciples et qu'il assista à la dernière cène du Sauveur.

Or, c'était une croyance généralement répandue, que plusieurs saints Apôtres de la Gaule avaient été honorés de la même faveur. Les antiennes de l'office de saint Ursin, évêque de Bourges, empruntées au récit de ses *anciens Actes*, rapportent le même fait de ce saint Disciple : « *Ad ipsum sanctissimæ cœnæ*

« *convivium à Domino deputatus est officio*
« *legendi* (1). »

On le raconte aussi de saint Martial, évêque de Limoges. Il est dit dans son *ancienne Vie* qu' « *à la cène mystique ce disciple fut le* « *convive du Christ, qu'il présenta joyeux les* « *linges quand le Sauveur se leva pour essuyer* « *les pieds à ses disciples* (2). »

Les *Actes* nous apprennent que Saint Probace vint en Italie et qu'après y avoir prêché plusieurs années, il se rendit à Rome où il rencontra saint Trophime. Cette seule particularité ne fait-elle point foi de leur ancienneté et de leur parfaite véracité? N'est-ce pas de Rome, en effet, que les traditions et les documents les plus reculés font partir les Disciples du Sauveur, les futurs Apôtres de la Gaule?

Raban-Maur, dans sa Vie de sainte Marie-Madeleine, rapporte, il est vrai, que saint Trophime vint directement de Jérusalem en Provence. Mais ne fait-il pas erreur? Une foule de témoignages affirment que l'Evêque d'Arles fut envoyé par saint Pierre lui-même,

---

(1) Au repas de la cène très-sainte, il fut chargé par le Seigneur de la mission de lire. (Ant. des psaumes.)
(2) Saint Abbon, abbé de Fleury, au xe siècle, cité par Fioravante Martinelli, Rome, 1655, p. 34.

de Rome en Provence, comme on peut le voir dans le *Martyrologe de saint Adon*, dans le *Livre de la fête des saints Apôtres*, dans l'ancien *Romain*, dans le *Martyrologe d'Usuard*, etc., etc.

Mais ce qui rend plus certain encore le fait historique de la mission des Apôtres de la Gaule par saint Pierre, c'est le très-important *manuscrit* découvert, dans ces derniers temps, par le savant abbé Faillon et inséré dans son ouvrage des Monuments inédits. D'après ce document qui remonte au xe ou au xie siècle, il est hors de doute que c'est de Rome, et sur les ordres du chef des Apôtres, que les Disciples furent envoyés dans les Gaules. Nous citons :

« *Sub Claudio, Petrus apostolus quosdam*
« *discipulos misit in Gallias, ad prædicandam*
« *Gentibus fidem Trinitatis, quos discipulos*
« *singulis urbibus delegavit. Fuerunt hi :*
« *Trophimus, Paulus, Martialis, Austremo-*
« *nius, Gratianus, Saturninus, Valerius et*
« *plures alii qui comites à Beato Petro Apos-*
« *tolo illis destinati fuerunt* (1). »

---

(1) « Sous Claude, l'Apôtre saint Pierre envoya plusieurs Disciples
« dans les Gaules pour prêcher aux nations la foi de la Trinité ; il leur

N'est-il pas clair comme le jour que ce document est en parfaite harmonie avec les Actes de Saint Probace? Si le nom de Celui-ci n'est pas mentionné, n'a-t-il pas sa place naturellement marquée dans le *plures alii*?

Selon l'opinion la plus commune, saint Trophime partit de Jérusalem, la 14ᵉ année d'après l'Ascension du Sauveur. Or, en admettant que Saint Probace quitta la Judée en même temps que l'Evêque d'Arles, ou quelques années après, c'est toujours sous le règne de Claude qu'il vient à Rome et qu'il y trouve saint Trophime. La rencontre de ces deux Disciples dut avoir lieu, pour le plus tard, en l'année 51. Or, Claude mourut seulement en 54. Probace fut donc, très-probablement, du nombre des Apôtres que saint Pierre délégua dans les Gaules, sous le règne de cet Empereur.

Assurément, si les *Actes* eux-mêmes n'avaient pas mentionné l'heureuse rencontre à Rome de Saint Probace et de ses compagnons avec saint Trophime, et leur départ simultané,

---

« assigna une ville à chacun. Ce furent : Trophime, Paul, Martial, « Austremoine, Gratien, Saturnin, Valere et plusieurs autres que le » Bienheureux Pierre leur avait donnés pour compagnons. »

nous n'eussions jamais compris l'Apôtre de Tourves dans le *plures alii*. Mais que disent les *Actes*? *Invenerunt sanctum Trophimum qui eodem tempore perrexit cum illis* (1). Quoi de plus décisif? Ainsi, bien loin de se nuire ou de se contredire, ces deux documents se donnent un mutuel appui. L'affirmation de l'un corrobore et complète l'affirmation de l'autre.

Enfin, il est dit que Saint Probace prêcha à Marseille jusqu'au jour de sa mort; mais, ses prédications durent s'étendre aux environs de cette cité.

Les *Actes* ajoutent ne pas connaître le lieu où repose son corps.

Or, n'avons-nous pas la tradition du peuple de Tourves, l'Eglise du saint Apôtre dont l'existence est affirmée par des documents du XIe siècle, son tombeau, les témoignages attestant la présence de son corps, qui jettent un grand jour sur la dernière circonstance de ce récit?

Devant cette magnifique harmonie qui relie si bien les *Actes* de Saint Probace aux Annales

---

(1) Ils trouvèrent saint Trophime qui partit en même temps avec eux.

et aux traditions de la Provence, aux plus anciens documents de l'Histoire, à la Vie des autres saints Disciples, qui pourrait, un instant, révoquer en doute la haute ancienneté aussi bien que la véracité des *Actes primitifs*?

Mais abordons une difficulté, la seule qu'on puisse nous opposer.

Le *Mémoire* de Raban-Maur mentionne qu'après avoir évangélisé Aquilée et Ravenne, Probace et ses compagnons ensevelirent honorablement les corps de saint Vital et de saint Apollinaire. Mais saint Vital, d'après les historiens, mourut probablement en l'année 62, sous Néron. Saint Apollinaire, au contraire, suivant un ancien manuscrit (1), fut martyrisé en l'année 81, sous Vespasien. Remarquons, en passant, que cette dernière date est fort contestable, attendu que Vespasien ne régnait plus en l'année 79. Il est donc probable que ce martyre eut lieu dans l'intervalle de l'année 70 à l'année 79. Or, nous dira-t-on, comment Probace aurait-il rendu ce funèbre et religieux devoir à ces deux martyrs, puis-

---

(1) Voir le *Vita Sanctorum* des Bollandistes.

qu'il était déjà parti pour la Provence en l'année 52 ou 53 ?

Nous répondons :

1° Supposé qu'il y ait erreur dans ce fait, que peut-on en conclure contre l'authenticité et la véracité si éclatantes de notre *document ?*

« *Les plus anciennes Vies des Saints des*
« *Gaules que nous possédons,* dit l'abbé Faillon,
« *ont été composées au* v^e *ou au* vi^e *siècle, sur*
« *la tradition immémoriale des fidèles et non*
« *sur des mémoires ou d'autres écrits anciens;*
« *c'est ce qu'on lit dans les Vies de saint Sa-*
« *turnin, de Toulouse, de saint Julien, du*
« *Mans, de saint Denis, de Paris. Il n'est donc*
« *pas étonnant que les auteurs de ces Vies*
« *n'ayant que la tradition verbale pour guide,*
« *aient accommodé les choses aux manières*
« *de leur temps, comme on le voit dans les*
« *anciens Actes de saint Maximin; et l'on ne*
« *doit pas avoir pour suspect le fond des*
« *choses que racontent ces anciennes Vies* (1). »

2° Les *Actes* ne disent point que Probace ensevelit ces deux martyrs, avant son arrivée

---

(1) Monuments inédits. Tome II, page 51, note A.

à Rome et en Provence. Ils rapportent seulement qu'il vint, avec ses compagnons, à Aquilée et à Ravenne, où reposent saint Vital et saint Apollinaire. Assurément, si ces martyrs avaient été mis à mort pendant que Probace évangélisait la contrée, l'auteur n'aurait pas employé cette expression *ubi requiescit*. Il est donc juste de dire que ce fut, probablement, à la nouvelle de leur martyre, que Probace, se retrouvant en Italie, accourut leur rendre ce pieux devoir. Car, c'était une loi pour les Apôtres et les premiers Evêques, d'aller, de voyager, de prêcher partout. Notre-Seigneur ne leur avait-il pas dit : *Euntes, docete, allez, enseignez?* Ne voyons-nous pas un des compagnons mêmes de Saint Probace, saint Trophime, quoique arrivé en Provence en l'année 52, se trouver dans la Troade, en l'année 58, en compagnie de saint Paul, puis, en l'année 64, à Ephèse où il est malade? Ce n'est donc ni absurde, ni contraire aux usages du temps, de supposer que Probace, après avoir évangélisé les environs de Marseille et d'autres contrées, se soit retrouvé en Italie, après le martyre de ces deux Saints.

3° D'après l'examen scientifique (1) du corps de Saint Probace, il est constant que ce saint Disciple mourut dans un âge fort avancé. Il n'y a donc aucune impossibilité qu'il ait rendu à ces deux glorieux martyrs les honneurs de la sépulture.

Mais n'insistons pas et couronnons notre thèse par un dernier argument que nous fournit le savant et rigide Tillemont.

« *La fidélité des Actes des Saints*, nous dit ce critique sévère, « *paraît d'autant plus certaine qu'ils sont courts et extrêmement simples; deux caractères qui distinguent les Actes authentiques d'avec ceux qui sont paraphrasés. Dans les actes originaux, il y a peu de miracles, peu de citations de l'Ecriture* (2). »

Ces paroles ne sont-elles pas la rigoureuse et parfaite appréciation des *Actes* de Saint Probace ? Ici, les deux caractères exigés par Tillemont ne brillent-ils point du plus vif éclat ? Quelle simplicité, quelle brièveté, quel naturel dans le récit ? Nul miracle, nulle réflexion, nul passage de la Sainte Ecriture !

(1) Voir la note O.
(2) Mémoires pour l'hist. ecclés. Tome II, page 425.

L'auteur n'affirme et ne raconte que ce qu'il sait. Ce qu'il ignore, il l'avoue ingénuement. Non, ce n'est pas ainsi que l'on trompe, que l'on falsifie, qu'on en impose à autrui! Dira-t-on qu'on a voulu mettre en relief les vertus ignorées d'un Saint? Mais, il n'y est pas même fait allusion! Qu'on a voulu vanter un pays, une ville, une Eglise particulière? Mais il y est à peine question de deux ou trois cités que le saint Disciple quitta, après les avoir évangélisées! Qu'on défendait des croyances attaquées, ou qu'on en inaugurait de nouvelles? Mais ces croyances, ces traditions étaient reçues partout! Reconnaissons donc, que les *Actes* de Saint Probace, résumés par Raban-Maur dans son *Mémoire*, ne sont que le pur et sincère écho de la vérité et qu'à cet égard ils méritent le respect et la créance de tous!

CHAPITRE IX

SILENCE DU MARTYROLOGE ET DES ACTA SANCTORUM SUR LE NOM DE SAINT PROBACE. — EST-IL VRAI QUE CE SILENCE SOIT RÉEL ?

Nous avons deux questions à examiner dans ce Chapitre. La première concerne une difficulté à résoudre, la seconde un fait à établir.

Se basant sur l'aveu des anciens *procès-verbaux* qui déclarent n'avoir rencontré le nom de Saint Probace « *ni dans la Vita Sanctorum*, « *moins au Martyrologe* (1), » un lecteur prévenu pourra nous dire : Quelle peut être la valeur d'un culte rendu à un Saint dont le nom ne se trouve dans aucun *Acte officiel* de l'Eglise ?

Nous répondons : En supposant que ce si-

---

(1) Voir la note D, à la fin du vol.

lence fût fondé, il ne prouverait rien contre nos assertions. Raisonner autrement, conclure de ce silence que la dévotion d'un peuple est illégitime et dénuée de fondement, ce serait le comble de l'absurde.

A ce compte, il faudrait appliquer la même exclusion au culte que l'Eglise de Dieu rend à tant de saints Personnages, élevés par les fidèles sur les autels et dont on ne trouve aucune trace de nom, ni dans le martyrologe, ni dans les *Actes* des Saints. Nous n'en voulons citer qu'un exemple.

Saint Maximin, cet illustre Disciple du Sauveur et premier Evêque d'Aix, quoiqu'il fût particulièrement honoré par les Eglises de Provence, n'avait jamais été mentionné dans les *anciens Martyrologes*. Et cependant, peut-on interpréter ce silence comme contraire à la légitimité de son culte? Non, car il est facile d'expliquer les raisons de cet oubli.

Qu'étaient-ce, en effet, que les *anciens Martyrologes ?* Des répertoires universels ? Des catalogues renfermant les noms de tous les Saints connus du temps où ces livres furent composés? — On l'avait cru à une certaine époque. Aujourd'hui, on est revenu de cette erreur. Les *anciens Martyrologes*, et il suffit de les comparer entre eux pour le voir clairement, n'étaient que des recueils particuliers où l'on avait seulement inscrit les noms des Saints qu'honoraient les Eglises de telle ou telle autre contrée.

Le *Martyrologe d'Eusèbe*, le seul des Martyrologes qui soit parvenu jusqu'à nous, qu'est-il? La simple collection des noms de tous les Saints connus et honorés dans les Eglises d'Orient, dans la Palestine, la Grèce, l'Italie et l'Afrique. Quant aux Saints vénérés dans la Gaule, ils n'y sont point pour un grand nombre.

Il est un autre Martyrologe, composé au VIIIe siècle, le *Petit Romain*. Ce n'est point là, non plus, un Martyrologe universel, puisqu'on y a même supprimé une multitude de saints Martyrs que mentionnait le *Martyrologe d'Eusèbe*. On n'y trouve pas même les Martyrs de Lyon, si illustres dans toutes les Eglises. Ce Martyrologe, comme les autres, fut donc composé dans un but particulier, celui de donner à l'Eglise Romaine des Saints qui fussent plus connus et qui, pour la plupart, lui fussent propres.

Pour les autres Martyrologes, composés au ixe siècle, comme ceux de Bède et de Florus, on ne peut prétendre qu'ils soient aussi universels. Chaque Eglise ayant embrassé la coutume de célébrer la fête de Saints étrangers, se fit un Martyrologe spécial de Saints, choisis exclusivement pour son usage.

Il faut raisonner de même des Martyrologes de *Raban-Maur*, de *saint Adon* et d'*Usuard*.

Or, dans aucun de ces recueils on ne lit le nom de saint Maximin. Seul, le Martyrologe romain, composé par Baronius, Bellarmin et les autres commissaires délégués par le pape Grégoire XIII, renferme le nom de ce saint Disciple. Et cependant, les noms de sainte Marie-Madeleine, de sainte Marthe et de saint Lazare étaient contenus dans les Martyrologes d'Occident.

Mais ce silence qui ne prouve rien contre la légitimité du culte rendu à saint Maximin, serait-il un argument valable contre la légitimité du culte rendu à Saint Probace ?

Dira-t-on que, si le culte de saint Maximin a été définitivement reconnu, c'est parce que son nom a été rapporté dans le Martyrologe romain ? N'est-ce pas le contraire qu'il faut affirmer? Car, si le nom de saint Maximin a été inscrit au Martyrologe, c'est que son culte avait été déjà consacré par la foi des peuples et les monuments de l'Histoire!

Pourquoi alors n'y voit-on point le nom de Saint Probace? Il serait facile d'en expliquer la raison. Le Martyrologe romain n'étant pas un *Martyrologe universel*, il ne peut renfermer les noms de tous les Saints honorés dans l'Eglise de Dieu. C'est ce que confirme, du reste, la formule usitée chaque jour : *Et alibi aliorum*, etc. Que de Saints, en effet, exclusivement reconnus et invoqués dans des diocèses, ou dans des villes, ou dans des Ordres particuliers, et dont il ne fait pas mention! Mais Saint Probace n'a eu de culte spécial qu'au sein d'une humble cité, ignorée de beaucoup. Là seulement, s'est perpétuée, avec le souvenir de son nom, l'histoire de son Apostolat, de ses bienfaits et de sa mort. Comment s'étonner, dès lors, du silence qu'auraient gardé sur son nom le Martyrologe romain et les *Actes* des Saints?

Est-il vrai, cependant, comme le déclarent les Procès-verbaux, que le nom de Saint Probace ne se trouve inscrit dans aucun des

Actes officiels de l'Eglise? Question importante, sur laquelle nous voulons exprimer toute notre pensée.

Et d'abord, nous ne pouvons admettre qu'un Disciple du Sauveur, qu'un Apôtre de l'Italie et de la Provence, qu'un Compagnon de saint Trophime n'ait laissé, après sa mort, aucun vestige de son nom. Par quel hasard inexplicable, en effet, le souvenir d'un si saint Personnage aurait-il disparu de la mémoire des peuples qu'il évangélisa, et n'aurait-il pas sa place dans les *Annales* de l'Eglise? Si les Procès-verbaux du xviie siècle attestent n'avoir trouvé son nom nulle part, ne serait-ce point parce que ce nom altéré, corrompu dans la suite des temps, n'avait pas été judicieusement cherché (1)?

On constate dans la langue provençale, en usage parmi les habitants de Tourves, deux manières de prononcer le nom du Saint Apôtre. Les uns disent *San Proubaci*, d'autres, les Anciens surtout, *San Troubaci*. Dans l'un et

---

(1) Il est si vrai que le nom de Saint Probace est un nom altéré, que l'auteur du manuscrit mentionné à la page 48, note 1, ne voit dans ce Saint que le Saint Promace, abbé de Forcalquier ou bien encore Saint Chromace, père de saint Tiburce.

l'autre cas, ce ne peut être le nom vrai et primitif du Saint.

Evidemment, le mot *Troubaci* est un nom tronqué, écourté, comme tant d'autres, par le génie de la langue latine ou de la langue provençale. Besoin n'est pas de le démontrer.

Quant au mot *Proubaci*, il a aussi subi un changement, une altération quelconque.

On sait, en effet, que les noms des Apôtres et des Disciples du Sauveur, hormis quelques rares exceptions, sont d'origine hébraïque ou grecque. D'où, nous concluons que le nom de l'Apôtre de Tourves appartient à l'une ou à l'autre de ces langues. Mais rien n'insinue qu'il dérive de la langue hébraïque. Au contraire, tout dans l'allure du mot, indique primitivement une source grecque.

Proubaci, en latin *Probatius*, dépouillé de sa désinence, doit s'écrire en grec Προβάς. Mais ce mot, simple aoriste 2ᵉ du verbe προβαίνω, accuse-t-il un nom d'homme? Nous ne le pensons point; car ils sont fort rares, dans la langue grecque, les noms propres d'hommes seulement formés d'une préposition et d'un aoriste 2ᵉ. Ces noms composés renferment ordinairement un adjectif et un substantif, ou bien un substantif ou un adjectif pris substantivement et réuni à un participe, ou bien encore une préposition jointe à un substantif ou à un adjectif. Le mot Προβάς est-il formé d'après ces règles? Nullement, puisqu'il ne contient que la préposition προ (devant) et l'aoriste 2ᵉ Βάς, du verbe Βαίνω (marcher).

Au surplus, le mot grec Προβάς n'explique pas la prononciation *Troubaci*. Il faut donc à ces deux manières de prononcer *Proubaci* et *Troubaci*, une origine commune les embrassant toutes deux. Mais cette source commune, ce mot primitif comprenant et produisant les deux autres, ne serait-ce pas le substantif grec Πατροβάς (1)?

Composé de Πατήρ (père) et de Βάς, aoriste 2ᵉ de Βαίνω, ce nom semble être le nom vrai et primitif de l'Apôtre de Tourves, car il explique fort bien les deux dénominations sous lesquelles le saint Disciple est invoqué.

---

(1) Il suffit d'être tant soit peu au courant du génie de la langue latine et de la langue provençale pour remarquer les nombreuses abréviations des noms propres d'hommes. Quelquefois, la première lettre du radical seule est maintenue avec les dernières syllabes du nom; d'autres fois, le radical est entièrement supprimé et les dernières syllabes seules sont conservées. La langue provençale va même plus loin et ne garde souvent que la désinence du nom.

Ce nom embrasse et explique le mot *Troubaci* ou *Trobace*. Pour celui-ci, comme pour un grand nombre d'autres, la langue latine ou la langue provençale a retranché la première syllabe πα, pour n'accentuer que les deux autres, Τροβάς, *Trobace, Troubaci*. Quant au mot *Proubaci, Probace*, comment s'expliquer sa formation, sinon par une de ces syncopes si communes aussi dans l'altération des noms propres ?

Primitivement, on prononçait le mot tout entier *Patrobas*, en ajoutant la désinence latine *tius*, d'où *Patrobatius*. Mais très-probablement on écrivait *Probatius*. Chez les Anciens, en effet, les noms propres d'hommes étaient généralement tracés en abréviation. Aussi étaient-ils naturellement exposés à des altérations plus nombreuses, parce qu'ils étaient plus fréquemment prononcés et plus souvent écrits.

D'ailleurs, le nom de l'Apôtre de Tourves n'a pas été le seul, parmi les noms des Disciples du Sauveur, à subir ces transformations du langage. Ainsi, n'a-t-on pas fait de *saint Terentius* saint *Tertius*, de saint *Sosipâtre* saint *Sopâtre*, de saint *Hérodion* saint *Rhodon*, de saint *Fronton* saint *Front*, etc., etc. ?

Ne voulant pas, sur cette grave question, suivre exclusivement notre pensée, nous avons eu recours à la science de plusieurs hommes compétents. L'un d'eux, M. l'abbé Maistre, l'intéressant auteur de l'*Histoire de chacun des 72 Disciples de N.-S. J.-C.*, nous répondait (1) : « *Je n'ai plus mes notes qui m'au-*
« *raient peut-être éclairé davantage sur cette*
« *tradition. Mais je me persuade que, au*
« *moyen de nouvelles recherches comparées,*
« *vous parviendrez à obtenir sur ce point*
« *capital une certitude morale. Quant à moi,*
« *il ne me paraît nullement impossible que le*
« *nom de votre Saint ait été défiguré, altéré,*
« *comme tant d'autres, comme ceux que vous*
« *citez, comme celui de saint Sernin pour*
« *saint Saturnin de vos contrées, comme celui*
« *de saint Menge, de Châlons, pour saint*
« *Memmius, etc., etc. Vos conclusions ne*
« *paraissent donc nullement dénuées de fon-*
« *dement. J'ai parcouru plus de 500 noms*
« *des Disciples des Apôtres. Je n'ai point*
« *trouvé de Probas, Disciple de N.-S.* »

On remarquera que dans l'exemple d'alté-

---

(1) Lettre datée de Dampierre (Aube), 4 octobre 1869.

ration donné par M. Maistre, sur le nom de *saint Saturnin*, la syncope est la même que pour *saint Patrobas*. Dans l'un et l'autre cas ce sont les deux lettres *AT* qui ont été retranchées : SATURNIN — PATROBAS.
SERNIN — PROBAS.

Or, y a-t-il soit dans le Martyrologe, soit dans les *Acta Sanctorum*, soit dans les Annales de l'Eglise, un *saint Patrobas* ou *Patrobatius*, ou comme écrivaient les Anciens *Probas*, *Probatius*, qui soit honoré comme Disciple de N.-S. J.-C. et dont l'histoire est identique à celle du Saint honoré à Tourves ?

« *Selon les traditions des Grecs*, dit M. Maistre dans son ouvrage précité, « *saint*
« *Patrobas était du nombre des 72 Disciples*
« *de N.-S. J.-C.* (1). »

D'après saint Hypolite (2), *Patrobas fut évêque de Pouzzole, dans la Campanie, ensuite de Naples*, d'après saint Dorothée (3).

Suivant Origène (4), *Patrobas était à Rome l'année 58, et c'est le même que salue l'Apôtre saint Paul, dans son épître aux Romains :*

---
(1) Hist. de chacun des 72 Disciples de N.-S. J.-C., pag. 171.
(2) S. Hypol. Martyr. lib. de 72 Disc.
(3) S. Doroth., in synopsy.
(4) Origène, in Rom.

Salutate Asyncritum, Phlegontem, Herman, PATROBAM, etc. (1).

Or, comparons l'histoire de ce saint Disciple avec celle de l'Apôtre de Tourves ; elle nous parait identique sur tous les points.

Que nous dit l'histoire de saint Patrobas ? Qu'il était l'un des 72, qu'il évangélisa l'Italie et y fonda des Eglises, qu'il vint à Rome où il se trouva en l'année 58.

Que nous rapportent la tradition et les *Actes* sur l'Apôtre de Tourves ? Qu'il fut aussi du nombre des 72, « qu'il vint en Italie, « qu'il la parcourut sous la conduite du Christ, « avec de grandes fatigues, et *en se livrant* « *à d'innombrables labeurs* (2), » puis qu'il se rendit à Rome (3).

Il est vrai que le texte de Raban ne fait nulle mention de Naples et de Pouzzole, mais seulement d'Aquilée et de Ravenne. Ce silence prouve-t-il que Probace n'a pas fondé les deux premières églises ? Nullement, puisqu'il passa

---

(1) « Saluez Asyncrite, Phlegonte, Hermas, Patrobas (Ep. ad Rom., cap. XVI, v. 14.)
  (2)   « *Venit in Italiam*
        « *Hanc per immensos labores,*
        « *Per innumeros sudores,*
        « *Christo duce navigat.* » (Prose de l'abbé Durand.)
  (3)   « *Perrexeruntque ad Urbem Romam.* » (Actes de Raban-Maur.)

plus de 40 mois à prêcher, non pas seulement à Ravenne, attendu que saint Apollinaire était déjà évêque de cette ville, mais dans les autres contrées de l'Italie.

Une telle omission dans les Actes de Raban prouve seulement que Saint Probace fonda ces deux Eglises, sans s'y fixer. Et cela est si vrai, que le souvenir de son Apostolat, et même de son nom, y est tombé dans le plus complet oubli (1).

Ici, se dresse une difficulté. Comment expliquer, nous objectera-t-on, que l'Apôtre de Tourves, parti pour la Provence vers l'année 51 ou 52, ait reçu à Rome, en 58, les salutations de saint Paul ?

Nous répondons : Cette objection, bien loin d'être une difficulté pour nous, est, au contraire, une confirmation de ce que nous avons déjà dit.

On a vu, en effet, dans les *Actes* que Pro-

---

(1) « *In questo paese non vi è alcuna notizia di S. Patrobazio o altro nome che corrisponde al Patroba della lettera à'Romani, e per quanto sono informato neppure ne'paesi d'intorno. Nell'elenco poi de' Vescovi, di Napoli, non si ritrova alcuno di questo nome. Perlochè, non posso somministrarle alcuna notizia delle richiestemi.*

« *Napoli-Torre del Greco li 11 ott. 1869.*

« *Salvator Noto, preposito curato.* »

(Extrait d'une note à nous adressée par un savant curé de Naples.)

bace et ses compagnons rendirent à saint Vital et à saint Apollinaire, les honneurs de la sépulture. Or, cet événement dut très-vraisemblablement s'accomplir après un ou plusieurs voyages, réalisés par Saint Probace, de Rome en Provence et de Provence à Rome. Car, nous n'avons jamais prétendu, et nous prions le lecteur de le remarquer, qu'une fois arrivé dans les Gaules, Probace n'en repartit plus jamais. Nous croyons, au contraire, avec tous les auteurs, que la mission des Apôtres et des premiers Evêques étant de fonder des Eglises et de prêcher partout, ils voyageaient la plupart du temps, passant successivement d'un pays dans un autre. Est-ce que saint Trophime, par exemple, dont Saint Probace fut un des compagnons d'Apostolat, ne quitta pas son siége d'Arles, pour venir, en l'année 58, à Corinthe, rejoindre saint Paul, et à Ephèse, en l'année 64? Et si saint Paul qui n'était pas encore venu à Rome, lorsqu'il écrivit aux Romains, salue Saint Patrobas dans cette épître, n'est-ce pas parce qu'il apprit le retour de ce dernier, de la bouche même de saint Trophime, à peine débarqué à Corinthe? Peut-on dire que Saint Patrobas, après avoir fondé des Eglises en Italie, se retira pour toujours à Rome? Sa mission d'Evêque, son rôle d'Apôtre ne s'opposaient-ils pas à un semblable séjour?

Quant à la mort de ce saint Disciple, nul historien, que nous sachions, n'en dit mot. Seul, le Mémoire de Raban assigne, comme lieu de son trépas, les environs de Marseille. Mais Tourves, si rapprochée de la cité phocéenne, a toujours revendiqué l'honneur d'avoir été le théâtre de ses derniers moments.

Devant une telle harmonie, qui n'aimerait à saluer dans l'Apôtre de Tourves, le *Saint Patrobas*, Disciple du Sauveur, l'Apôtre de l'Italie, l'ami de saint Paul? Même nom, même dignité, mêmes travaux, même mission, même histoire; partout, autant que permet de le conclure la rareté des documents, la concordance la plus lumineuse et la plus parfaite; rien ne se contredit ni ne se détruit; tout, au contraire, se rallie, s'éclaire et s'unifie dans une merveilleuse identité. Evidemment, il ne peut y avoir là qu'un seul et même personnage, dont le nom primitif est *Patrobas* qui s'est altéré en celui de *Probatius, Probace, Trobace*.

Or, si nous ouvrons le Martyrologe Romain et la Vie des Saints, à la date du 4 novembre, nous y voyons que le nom de ce saint Disciple y occupe une place justement méritée.

CHAPITRE X

SITUATION GÉOGRAPHIQUE DE L'ANCIENNE TURRIS (1). — RIEN DE MIEUX FONDÉ QUE SA TRADITION.

Il nous a paru nécessaire d'établir, dans ce chapitre, la véritable situation géographique de *l'ancienne Turris*, son importance comme station militaire et ses nombreuses relations avec les principales villes de la Provence, afin de montrer, de plus en plus, la légitimité de ses glorieuses traditions.

Quelques auteurs, mal inspirés, ont prétendu que le nom de *Turris* ne convenait pas à la *Tourves moderne*, mais au bourg de *Rougiers*, distant de sept kilomètres. Ils donnaient pour base de leurs assertions les restes de quelques tours que l'on voit encore, aujourd'hui, sur une hauteur circonvoisine. C'est là

(1) Voir la courte notice historique que nous avons cru bon de donner à la fin du volume, note K.

une erreur manifeste. D'un côté, en effet, l'aspect de ces tours, loin d'offrir les vrais caractères de ruines romaines, n'atteste que des débris d'un château féodal du xiie siècle; et de l'autre, le nom de *Turriis, Turrivis, Turribi, Torreves, Torrives*, assigné par les Anciens à la Tourves actuelle, la tour que l'on remarque dans ses armoiries, son ancienne position géographique que nous allons clairement indiquer, démontrent péremptoirement la fausseté de cette allégation.

Quel était donc l'emplacement de l'*ancienne Turris ?* Etait-ce l'esplanade où gisent aujourd'hui les ruines du fameux *château des Valbelle ?* Ou bien la colline isolée du *vieux Gaillet* (1)? Ou bien encore, le monticule de l'ancien village de *Seissons* (2), actuellement occupé par la *chapelle de Notre-Dame de la Salette ?*

Aucune de ces trois suppositions n'est admissible.

Qu'était-ce, en effet, que l'ancienne *Turris ?* Selon l'itinéraire d'Antonin, *Turris était une station militaire.* D'après Achard, « *son nom*

---

(1) Voir la note L, à la fin du volume.
(2) Id., id.

« *de Turris en usage du temps des Romains,*
« *donne lieu de présumer qu'il y avait quelque*
« *forteresse qui en défendait l'approche aux*
« *Saliens ou aux Barbares du Nord, du temps*
« *de Marius.* »

Or, l'inspection des lieux ci-dessus mentionnés démontre jusqu'à l'évidence, que *Turris* n'a pu se trouver sur aucun d'eux.

Sait-on ce qu'était la vaste plaine qui embrasse les terres situées entre le monticule de *Seissons*, le *château des Valbelle* et la colline de *Gaillet?* Un grand et insalubre marais, alimenté par les eaux abondantes d'une source *(la Fous)* et par les débordements assez fréquents de la rivière de *Carami*. Le nom de *La Palun (paludes)* est resté aux divers quartiers qui constituent la partie supérieure de la plaine.

Or, c'est une donnée historique parfaitement établie, que les Romains évitaient soigneusement, dans leurs marches, les lieux humides et malsains. La plus simple prudence, d'ailleurs, le leur recommandait. Comment, dès lors, auraient-ils établi là, sur l'une de ces trois faibles élévations, une station militaire?

L'esplanade du château forme un plateau

assez vaste, à la vérité ; mais il est tellement dominé par les hauteurs voisines que, y établir un campement, c'était se placer sous la main même de l'ennemi.

Quant aux monticules de *Seissons* et de *Gaillet*, ils présentent à leur sommet, une forme conique et si peu développée, qu'il était physiquement impossible d'y fixer une station de ce genre.

Reste une quatrième hypothèse, à notre avis, la seule fondée, c'est que l'*ancienne Turris* était située *sur le vaste plateau de la montagne de Saint-Probace.*

En effet, la grande *voie Aurelia*, après avoir traversé *Forum Julii* (1), *Forum Voconii* (2), *Matavo* (3), venait aboutir au pied même de cette montagne. Là, elle franchissait la rivière de *Carami*, sur un pont situé à l'entrée du vallon de *Rimbert*. Ce pont plusieurs fois reconstruit, conserve du pont primitif un énorme pilier en forme de *tailloir*. Il était le point de jonction d'un embranchement dont on peut suivre encore les traces aujourd'hui, et qui se dirigeait, à travers les

---

(1) Fréjus. — (2) Le Cannet du Luc. — (3) Cabasse.

montagnes, jusqu'à Toulon. Ce qui indique aussi clairement le passage de cette voie, c'est le nom même de la partie du plateau qui vient aboutir à ce pont. On l'appelle encore dans la langue du pays : *La plano de Roulan (la plaine d'Aurélian)*, expression corrompue du mot *Aurelia*. Du sommet de cette plaine, comme du pont jeté sur la rivière, on devine facilement que, sur cette montagne seulement, les Romains avaient pu fixer leur station.

A voir cette montagne, en effet, on dirait une forteresse inexpugnable. Son vaste plateau est environné d'une large ceinture de rochers unis et taillés à pic, offrant l'aspect formidable d'un rempart de 30 à 40 mètres de hauteur. De ce côté, le flanc de la montagne est si raide et si abrupt, qu'il est impossible de la gravir. L'ensemble de ces rochers décrit une immense courbe, en saillie, qui prend exactement la forme d'une tour gigantesque. Ne serait-ce point de là que lui serait venu le nom de *Turris* ?

Mais la vérité de notre assertion se montre dans tout son jour, lorsqu'on parcourt le sommet même de la montagne. Car, sur le plateau qui la couronne et qui mesure plus de deux kilomètres en longueur et environ un kilomètre en largeur, il est aisé de reconnaître dans les ruines que l'on voit encore debout çà et là, des restes de fortifications romaines.

Les légions, on ne saurait l'ignorer, ne passaient pas une seule nuit, sans construire des palissades dans lesquelles elles se renfermaient comme dans un camp. Outre ces *camps volants*, il y avait dans les diverses stations militaires, échelonnées sur les voies, des *camps permanents*, élevés avec des murailles, le plus souvent en pierres sèches et non en maçonnerie, mais qui avaient toujours la forme d'un parallélogramme allongé.

Or, c'est précisément un de ces camps que l'on voit sur le plateau de la montagne.

Formé par deux murailles parallèles, en pierres sèches, ce camp qui allait du nord au midi, en coupant le plateau dans toute sa longueur, appuyait ses extrémités sur les rochers constituant les deux autres parties du carré. Ces murs ont environ deux mètres d'épaisseur ; ils sont faits avec des pierres, la plupart équarries, et d'une dimension qui correspond au *moyen*, appareil employé par les Romains. A l'angle *nord-ouest*, la muraille s'élargit et prend la forme d'une tour ronde de cinq à six mètres de diamètre.

A son extrémité, du côté de l'*ouest*, le plateau s'élève doucement, forme une sorte de mamelon d'une vaste étendue, et descend ensuite, par une pente facile, jusqu'au fond d'une vallée, et, de là, vient aboutir à la plaine.

C'est de ce côté seulement que le plateau est accessible. Aussi, les Romains n'avaient pas oublié de le fortifier. Par cet ouvrage avancé, ils garantissaient les abords du camp et le mettaient entièrement à couvert, comme le camp lui-même mettait à couvert l'extrémité *Est* du plateau, occupé par la population de *Turris*.

L'existence de l'ancienne *Turris* remonte, parait-il, à une époque très-reculée. Ses habitants faisaient partie des *Suelterii*, peuple *Celto-Ligurien*, qui occupait la contrée et qui avait *Antea*, près Draguignan, pour capitale.

Longtemps avant la domination Romaine, les Marseillais avaient fréquenté et habité ce pays. Nous avons la preuve de ce fait dans les nombreuses monnaies marseillaises qu'on y a découvertes, à des époques très-reculées.

L'Histoire dit qu'on en trouva un dépôt très-considérable, dans le courant du xiv° siècle. Cet événement, fort naturel, fut embelli des circonstances les plus merveilleuses, au point que les officiers de la Chambre des comptes crurent devoir en faire mention dans leur registre (1).

L'abbé Fandon, vicaire de la paroisse au siècle dernier, possédait deux de ces médailles, trouvées sur une montagne. Elles avaient, d'un côté, la figure de Diane, le carquois à la main, et de l'autre, celle d'un taureau, avec le nom de Marseille, en caractères grecs : ΜΑΣΣΑ.

L'effigie de la plupart de ces monnaies représentait, non pas comme le croyaient nos Pères, l'image d'un Sarrazin, mais les traits d'Apollon tant vénéré des Phocéens.

Outre Apollon, les habitants du pays adoraient, d'un culte spécial, Jupiter Conservateur. On a trouvé dans les environs, un autel de pierre aussi blanc que le marbre, orné d'une corniche d'assez bon goût. On y lisait ces mots :

JOVI OMNIVM
CONSERVATORI MAXIMO (2).

(1) Registre viridis, f° 10, 12 juin 1366.
(2) « A Jupiter le suprême conservateur de toutes choses. » L'inscrip-

Ce n'est qu'après la conquête des Gaules par Jules César, que *Turris* fut choisie pour être la place d'une station militaire. Comme les autres stations Romaines, elle devait garder la voie qu'elle dominait, donner un campement aux légions en marche, et leur fournir les approvisionnements nécessaires.

Il y avait donc à *Turris*, pour surveiller les plaines, une population stable qui, tout en servant de garnison au poste, se livrait à la culture des terres, soit pour subvenir à ses propres besoins, soit pour entretenir les greniers de l'Etat.

Telle était *Turris*, lorsque les Disciples du Sauveur arrivèrent en Provence.

Reliant le double embranchement de la *voie Aurelia* qui se dirigeait, l'un vers Marseille, l'autre vers Aix, attenant à la même chaîne de montagne que celle de la *Sainte-Baume*, à quelques pas seulement des lieux sanctifiés par la présence des saints Evêques Lazare et

---

tion était plus longue; mais le temps a détruit le reste. On a aussi découvert dans de vieilles ruines, des figures de bronze d'un demi-pied de haut, représentant des déesses, et des morceaux d'urnes funéraires surmontées de corniches.

Maximin, n'est-il pas légitime d'affirmer que cette station dût être des premières à recevoir la lumière et les enseignements de la Foi ? Qui pourrait le contester ? En dehors même de toute donnée traditionnelle ou historique, qui voudrait élever, sur ce point, un doute de quelque valeur ?

Quelle station, en effet, était plus apparente et plus fréquentée ? Du sommet de la *Sainte-Baume*, de la plaine de *Saint-Maximin*, on la voyait se dresser fière et menaçante. Bon gré, mal gré, dans leurs courses apostoliques, les Evêques d'Aix, de Marseille, d'Arles, les Saintes Femmes de l'Evangile, bon nombre d'autres Apôtres durent souvent la traverser. Ne protégeait-elle pas la grande voie *Aurelia* qui menait à Rome ? N'était-elle pas, pour les voyageurs de ce temps, un lieu de halte, un séjour de repos ?.....

Mais l'Histoire a parlé. Elle a dit de l'arrivée des saints Apôtres en Provence qu' « *après
« avoir invoqué Dieu, le souverain Monarque
« du monde, ils partagèrent entre eux, par
« l'inspiration du Saint-Esprit, les provinces
« du pays où ce même Esprit les avait poussés;
« puis ils s'avancèrent et prêchèrent partout*

« *avec l'aide du Seigneur qui confirmait leurs*
« *prédications par des miracles* (1). »

L'Histoire a dit de sainte Marie-Madeleine que « *pleine de sollicitude pour le salut des*
« *âmes qui l'avait fait venir aux extrémités*
« *occidentales de l'univers, elle s'arrachait de*
« *temps en temps aux douceurs de la contem-*
« *plation, pour éclairer les incrédules par ses*
« *paroles ou confirmer les fidèles dans la*
« *Foi* (2)..... »

Elle a dit de sainte Marthe que « *de son*
« *côté, avec ses compagnons, elle prêchait*
« *l'Evangile du Sauveur dans les villes d'Avi-*
« *gnon et d'Arles et parmi les bourgs et les*
« *villages qui étaient aux environs du Rhône,*
« *dans la province de Vienne* (3). »

Elle a dit de saint Lazare qu' « *après son*
« *arrivée à Marseille, ville la plus célèbre de*

---

(1) « *Ubi invocato Magno mundi Principe Deo, provincias regionis*
« *ad quam eos spiritus appulerat inter se, eodem inspirante, partiti*
« *sunt; moxque profecti prædicaverunt ubique, Domino cooperante*
« *et sermonem confirmante, sequentibus signis.* » (Vie de sainte Marie-Madeleine, par Raban, chap. xxxvii.)

(2) « *De proximorum quoque sollicita, propter quos occidentales*
« *orbis fines adierat, contemplationis dulcedinem quandoque seponens,*
« *incredulis interim prædicabat, vel credentes in fide confortabat mel-*
« *liflua mente.* » (Raban, Vie de sainte Marie-Madeleine, chap. xxxviii.)

(3) « *Beata quoque Martha, cum sociis suis, apud Urbem Avenico-*
« *rum et Arelatensium, et quæ circà Rhodanum erant villas, et oppida*
« *in provinciâ Viennensi, evangelizabat populis Dominum salvato-*
« *rem.* » (Raban, id., chap. xxxix.)

« toute la Provence, il s'y livra à tout le zèle
« de son ministère sacré et servit Dieu dans
« les œuvres de la sainteté et de la justice (1). »

Elle a dit de saint Maximin qu' « étant
« entré à Aix, il commença à répandre dans
« les cœurs des Gentils les semences de la
« doctrine céleste, vaquant nuit et jour à la
« prédication, à la prière et au jeûne pour
« amener à la connaissance et au service de
« Dieu le peuple incrédule de cette contrée (2). »

Enfin, elle a dit de Saint Probace qu' « ayant
« passé les Alpes, il vint à Marseille où il
« prêcha et baptisa jusqu'au moment de sa
« mort (3). »

Or, de tous ces saints Apôtres arrivés en Provence et dont plusieurs ont, à coup sûr, évangélisé l'ancienne *Turris*, Saint Probace est le seul dont cette humble cité ait constamment gardé le souvenir. Il est le seul qu'elle ait toujours appelé le Père de sa foi, dont elle a

---

(1) « *Massiliam appulit nominatissimam totius Proventiæ civitatem.*
« *Ibi suscepti sacerdotii vices agens Deo... in sanctitate et justitia*
« *desservivit.* » (Bréviaire d'Autun.)

(2) « *Beatus Maximinus Aquensem Metropolim ingressus, doctrinæ*
« *cœlestis semina gentilium cordibus inspergebat, die noctuque præ-*
« *dicationi, orationi et jejuniis insistens ut populum ipsius regionis*
« *incredulum ad agnitionem et cultum Dei omnipotentis perduceret.* »
(Raban, Vie de sainte Marie-Madeleine, chap. XXXVIII.)

(3) « *Probacius, Alpibus transvectus, Massiliam venit ibique cœpit*
« *prædicare populum et baptisare.* » (Actes de Raban-Maur.)

perpétuellement cru posséder les reliques insignes, et en l'honneur duquel elle n'a cessé d'avoir un sanctuaire debout (1)!

Y a-t-il, nous le demandons, une source plus naturelle, plus légitime et plus pure que celle d'où découle une si pieuse et si antique tradition ?

---

(1) C'est d'après ces mêmes données historiques, que le pieux et savant auteur du *Culte de Marie inauguré par les Disciples du Sauveur*, à *Pignans, en Provence*, a péremptoirement établi le fait de l'Apostolat de la B. Nymphe, l'une des suivantes de sainte Marie-Madeleine, dans le Bourg-des-Pins, *Castra Pinorum*, aujourd'hui Pignans. Voir le dit ouvrage *præcipue*, le chap. IV.

CHAPITRE XI

ORATOIRES DES PREMIERS CHRÉTIENS. — ORIGINE DES ÉGLISES SAINT-JEAN ET SAINT-PROBACE.

Notre but, en établissant au Chapitre précédent, la position vraie de l'ancienne *Turris*, était non seulement de démontrer la manifeste légitimité de sa tradition, mais d'expliquer aussi l'origine des deux églises élevées sur la sainte montagne : *les églises Saint-Jean et Saint-Probace*.

Qu'étaient donc ces sanctuaires ? A quelle époque devons-nous placer leur religieux berceau ?

Selon toute vraisemblance, et c'est une certitude pour nous, les deux oratoires de *Saint-Jean* et de *Saint-Probace* ont servi, dès le principe, de *lieux de réunions* aux premiers chrétiens de *Turris*. Leur origine remonte par conséquent aux premiers siècles de l'Eglise.

« *Il est vrai*, dit M. Faillon, *que lorsqu'on parle aujourd'hui d'édifices chrétiens, construits au 1ᵉʳ siècle, on est en danger de perdre toute créance dans l'esprit de quelques lecteurs trop peu en garde contre la prévention, et portés à juger ici sans connaissance de cause* (1). » Mais ceux qui examineront attentivement l'histoire de ces sanctuaires, reconnaîtront, sans difficulté, la réalité de l'origine que nous leur attribuons.

En effet, le fait même de la prédication d'un Apôtre dans une ville ou dans une bourgade, présuppose nécessairement un lieu d'assemblée, de réunion, dans lequel l'Envoyé de Dieu annonçait les vérités du salut et conférait les sacrements. Les lois Romaines n'interdisaient nullement ces sortes de rendez-vous religieux, du moins, aux premiers jours du Christianisme. « *On avait bâti*, nous dit l'auteur des Petits Bollandistes, « *dès le temps des Apôtres et dans les siècles suivants, des*

---

(1) Monuments inédits. Tome I, page 503.

« temples, des basiliques, des églises et des
« oratoires pour assembler le peuple chrétien,
« pour l'instruire des mystères de la Religion,
« pour lui conférer les sacrements, pour
« chanter les louanges de Dieu, pour faire
« des prières publiques et particulières, et
« surtout pour offrir le sacrifice non sanglant
« du corps et du sang de J.-C. Les édits des
« Empereurs, rapportés par Eusèbe de Césarée,
« au livre VIIIe de son Histoire Ecclésiastique,
« qui commandent de démolir les Eglises des
« Chrétiens, accrues et embellies à mesure que
« le Christianisme s'augmentait, en sont une
« preuve incontestable. D'ailleurs, saint Paul
« fait lui-même mention, en divers endroits
« de ses épîtres, des lieux sacrés où les fidèles
« s'assemblaient... Saint Ignace qui vivait
« dans le IIe siècle, exhorte les Magnésiens à
« se réunir dans le temple de Dieu avec un
« même cœur et un même esprit, comme s'ils
« n'étaient qu'une seule personne. Nous ap-
« prenons du Livre des souverains Pontifes,
« que saint Evariste, le cinquième Pape après
« saint Pierre, partagea les églises de Rome
« aux prêtres qui partageaient son clergé ; et
« saint Optat nous assure qu'il y en avait

« *déjà plus de quarante en cette ville, au temps*
« *du Pape saint Corneille.*

« *Enfin, nous avons de tous côtés les ves-*
« *tiges de celles qui ont été construites par*
« *saint Savinien, saint Menge, saint Denis,*
« *saint Martial et les autres Apôtres des*
« *Gaules* (1). »

L'ancienne église de Saint-Jean-Baptiste, à *Turris*, fut de ce nombre. Qu'elle doive son origine à Saint Probace, l'Apôtre de cette humble ville, rien ne nous paraît mieux fondé. Ce n'est là qu'une conséquence fort naturelle du fait même de son Apostolat.

Pour les Chrétiens de *Turris* comme pour ceux des autres cités, il fallait bien un lieu particulier, où l'on venait entendre les enseignements de la Foi, participer aux saints mystères et recevoir les divers sacrements. Mais ce lieu des assemblées primitives, berceau de la foi de tout un peuple, théâtre, parfois, des scènes les plus touchantes, objet des plus doux et des plus purs souvenirs, pouvait-il ne pas être conservé par les fidèles avec la plus entière sollicitude? Or, de tous les sanctuaires

---

(1) Les petits Bollandistes. Tome xi, pag. 171 et 175.

élevés à *Turris*, le plus ancien, le plus privilégié, un de ceux que les habitants ont entouré du plus grand respect et dont ils ont toujours aimé à relever les ruines, c'est celui de Saint-Jean-Baptiste. Aussi, quelle raison peut-on apporter de cette prédilection, de ce culte spécial pour une église, cependant très-éloignée et fort difficile à visiter, sinon qu'à ce sanctuaire se rattachaient les plus saintes et les plus glorieuses traditions, les commencements mêmes des religieuses destinées de *Turris*, le point de départ de son abjuration des fausses divinités et de sa conversion au vrai Dieu !

Au surplus, on n'ignore pas que les églises bâties en l'honneur de saint Jean-Baptiste, mais qui sont antérieures au xe ou au xie siècle, sont généralement reconnues pour des *églises baptismales*, c'est-à-dire, des *églises primitives*, des *églises mères* (1). Or, ces églises, particulièrement destinées à l'administration du Baptême, étaient ordinairement situées dans un centre de population, ou, du moins,

(1) Il est à remarquer qu'en Provence, dans la plupart des villes ou des bourgades évangélisées par les Apôtres du Sauveur, on trouve, parmi les églises primitives, beaucoup d'églises bâties en l'honneur de saint Jean-Baptiste.

fort rapprochées, à côté même de la demeure de l'Evêque ou de son vicaire. Telle dût être évidemment l'*église de Saint-Jean-Baptiste*, à *Turris*. L'histoire nous mentionne son existence, au commencement même du xi⁶ siècle. Assurément qu'elle n'a pas été fondée alors. Car, dans quel but, aurait-on élevé une église de ce genre, sur une hauteur déserte, éloignée, très-difficile à gravir, attendu que les habitants avaient abandonné la montagne depuis l'expulsion des Sarrazins ? Elle n'a pas été bâtie non plus dans l'intervalle qui sépare le xi⁶ du viii⁶ siècle. Comment l'aurait-elle été ? Les Sarrazins étaient les maîtres et régnaient en barbares dans tout le sud de la Provence. N'eût-ce pas été le comble de la témérité, pour ne pas dire plus, que d'édifier en ces temps malheureux, un sanctuaire voué d'avance à la rapacité ou à la profanation de ces hordes dévastatrices ?

Il faut donc, d'après l'histoire même, fixer le berceau de cette église à une époque antérieure au viii⁶ siècle. Dès lors, son origine est suffisamment démontrée. L'*église de Saint-Jean-Baptiste*, à *Turris*, comme tant d'autres de ce nom et de ce temps, fut le premier sanctuaire des Chrétiens, élevé par l'Apôtre même du lieu.

Quant à l'*église de Saint-Probace*, il est incontestable qu'elle doit son origine au tombeau du saint Apôtre sur lequel elle est bâtie. Comme celle de Saint-Jean-Baptiste, nous estimons qu'elle remonte aussi aux premiers siècles de l'Eglise.

Et d'abord, d'après l'argument historique que nous avons déjà développé, il est hors de doute que cette église est antérieure au VIIIe siècle. D'autre part, si nous examinons les causes vraies qui ont amené les fidèles à élever des monuments religieux en l'honneur de leurs premiers Apôtres, nous devons reconnaître que l'origine de cette église se rattache aux jours mêmes qui ont suivi la mort de Saint-Probace.

On sait, en effet, dans quelles conditions se faisait, en ce temps, la prédication de l'Evangile. L'Apôtre en arrivant au milieu d'un peuple, allait frapper à une porte amie et y recevait l'hospitalité la plus cordiale. En retour, Dieu accordait aux habitants de la maison, la lumière de la foi. Peu à peu, la demeure du néophyte devenait secrètement le lieu de la prédication et de la prière. Mais, soit que l'Apôtre, découvert et traduit devant un tribunal, fût condamné à mort et la subît au milieu des plus affreux supplices, ou qu'il s'éteignît doucement à la suite de ses courses et de ses prédications, toujours est-il que les chrétiens se faisaient un devoir sacré de recueillir ses dépouilles mortelles, et de les ensevelir dans un lieu honorable. Sur ce tombeau, si les circonstances le permettaient, on élevait un oratoire qui devenait pour les fidèles une source de grâces, un lieu de réunions pieuses, un but de pèlerinage.

Telle fut, croyons-nous, l'origine de l'*église de Saint-Probace*. Si les documents de l'époque ne peuvent nous renseigner sur ce point parce qu'ils n'existent plus, du moins, la coutume, alors en vigueur, la raison chrétienne, le bon sens, la foi nous disent assez haut qu'il en a dû être ainsi.

Déjà, à cette époque, vers la fin du premier siècle, l'Evêque d'Aix lui-même, saint Maximin, avait élevé dans une plaine, à deux pas de *Turris*, sur le tombeau de sainte Marie-Madeleine, un oratoire auguste qui attirait dans ses murs, non-seulement les habitants des bourgs

irconvoisins, mais encore les peuples des
ontrées les plus éloignées. A coup sûr, de la
ieille *Turris* devaient bien souvent se mettre
n marche des caravanes d'hommes, de fem-
1es et d'enfants, pour faire ce saint et facile
élerinage. Or, en admettant même que les
hrétiens de *Turris* eussent, un instant, négli-
é de bâtir sur le tombeau de leur Apôtre, un
10nument pieux, l'aspect incessant du sanc-
1aire élevé par saint Maximin, ne les aurait-
 pas portés à l'édifier aussitôt?

Ainsi s'explique et s'harmonise la haute
xistence des deux églises *Saint-Jean* et *Saint-*
robace sur la montagne de l'*ancienne Turris.*
elle-ci est un témoignage de la foi et de la
été dressé par les premiers chrétiens en
10nneur de leur saint Apôtre. Celle-là, l'*égli-*
 de *Saint-Jean-Baptiste*, a été l'*église pri-*
itive, le lieu où Saint Probace réunissait les
lèles, le baptistère où les adultes étaient
générés. Berceau glorieux, l'une et l'autre, de
 foi et des religieuses destinées de cette
1mble cité, on comprend les raisons plausi-
es de leur conservation ou de leur restau-
tion, le long de dix-huit siècles. Comme
ux sœurs, nées dans le même temps, d'une

même pensée de foi et d'amour, elles seront, dans la suite, à jamais unies par les liens les plus doux et les plus sacrés. Pendant de longs jours, elles vivront l'une et l'autre sous le bienveillant regard des Religieux de Saint-Victor de Marseille. Dans les chartes comme dans les délibérations solennelles de la communauté, on trouvera leurs noms constamment entrelacés comme par un nœud indissoluble. Tandis que dans la vaste plaine de *Turris* les autres églises, chapelles, oratoires (1) s'écroulent sur le passage des hommes ou du temps, pour ne plus se relever jamais, ces *deux monuments* des premiers jours du christianisme seront toujours debout, visités, embellis ou restaurés, s'ils menacent ruines. C'est ainsi qu'ils ont d'abord traversé un passé de quinze siècles, jusqu'au jour où, en l'année 1643, il est expressément et solennellement décrété que les deux églises, se confondant en une seule, ne formeront plus qu'un sanctuaire

---

(1) Les paroissiales de *Saint-Estève*, de *Saint-Maurice*, de *Saint-Sauveur*, les églises de *Sainte-Marie* de *Seissons*, de *Sainte-Foi de Gaillet*, les chapelles ou oratoires de *Saint-Michel*, de *Saint-Sulpice*, de *Sainte-Marie de Gaisole*, de *Saint-Julien*, de *Saint-Pierre*, de *Saint-Sébastien*, etc., etc., tombés en ruines depuis des siècles, n'ont jamais plus été restaurés, à l'exception de l'église de Saint-Maurice.

dédié en l'honneur de Saint Probace, et dans lequel saint Jean-Baptiste gardera seulement son abside et son autel (1)!

(1) L'église de Saint-Probace fut achevée en 1644. La reconstruction en fut confiée à Barthélemy Gombert, maître-maçon de la ville de Toulon, par acte passé le 14 septembre 1643.
Le tableau de Saint Probace, placé derrière le maître-autel, a été fait en 1647. Il porte cette inscription : *De Larose pinxit, 1647*. L'Evêque qui est en face du Saint est, dit-on, Mgr Gault, évêque de Marseille. Dans les écussons du manteau de ce personnage on lit ces lettres : (X. P. S.)
Le tableau de l'autel de l'Enfant Jésus porte cette inscription : *Bernier pinxit 1644*.

CHAPITRE XII

FONDATION DE L'ANTIQUE PRIEURÉ DE SAINT-ESTÈVE AU PIED DE TURRIS. — BUT DE CETTE FONDATION.

Après avoir visité le vieux château des comtes de Valbelle, le touriste qui prend le chemin du couchant, arrive, par une pente assez douce, jusqu'à la route de Marseille. Là, en tournant sur la gauche, il est aussitôt arrêté par la vue d'un édifice à moitié ruiné et dont l'histoire se lie intimement au sujet que nous traitons. C'est l'*ancien et riche prieuré de Saint-Estève*, autrefois habité par des Religieux de Saint-Victor de Marseille. Cet édifice comprend encore, aujourd'hui, une tour carrée, les restes d'une église et quelques pans de muraille debout çà et là.

De l'examen de ces ruines et de la recherche du but qui présida à la fondation de ce prieuré, s'échapperont certains rayons de lumière qui ne serviront pas de peu à augmenter l'éclat et la rationalité de nos saintes traditions.

Un fait incontestable, c'est qu'en l'année 1019, *le prieuré de Saint-Estève* existait déjà. Si nous mesurons son importance à la valeur et à la multiplicité des donations dont il fut l'objet à cette époque et dans les temps qui suivirent, nous pouvons affirmer qu'elle fut considérable. Le 15 novembre 1019, *Pons*, archevêque d'Aix, voulant faire la consécration solennelle de *l'église de Saint-Estève*, convoqua tous les seigneurs du pays. Son appel fut généralement entendu, et on célébra cette fête avec une pompe inusitée. La teneur même de la Charte qui mentionne cet événement, le dira mieux que toutes nos considérations.

« *Jésus, Fils d'une Vierge, ayant pris la*
« *nature humaine dans le sein de sa Mère,*
« *s'associa la sainte Eglise qu'il dota de l'an-*
« *neau de la Foi et qu'il orna de la robe nup-*
« *tiale comme son épouse propre. Il poussa si*
« *loin son amour pour elle, qu'il n'hésita pas*
« *à souffrir la mort. Devenu, par là même, le*
« *vainqueur de la mort, il ordonna de pré-*
« *parer des noces dans tout l'univers et les*

« maisons où elles seraient célébrées. Ce sont
« ces maisons auxquelles l'affluence des fidèles
» qui s'y rendaient, fit donner le nom d'Eglise.
« En conséquence,

« Moi, Pons, par la grâce de Dieu archevêque
« d'Aix, enflammé de l'amour et de la charité
« de Dieu, du glorieux martyr Victor, ainsi
« que des Abbés et des Religieux de son mo-
« nastère, je fais consacrer cette église dans
« une bonne et amicale intention. De plus, je
« décide et j'établis, et de la part du Dieu
« Tout-Puissant et de la mienne, sous peine
« d'excommunication, qu'aucun homme ou
« femme de quelque dignité qu'il soit, ne se
« permettra, en aucun temps, dans les limites
« de cette église ou de ce cimetière, d'em-
« ployer la violence ou de ravir quoi que ce
« soit; afin que, pour l'honneur du très-glo-
« rieux martyr Etienne, ce lieu et ceux qui
« y habitent, demeurent en paix, repos et
« sécurité à jamais.

« Je donne aussi à cette église qui est consa-
« crée en l'honneur de saint Etienne, toutes
« les églises qui sont construites dans le ter-
« ritoire de Tourves avec tout ce qui leur
« appartient, prémices, offrandes, dîmes,

« *chartes ou cimetières, savoir : Les églises*
« *de Saint-Maurice, de* Saint-Probace, *de*
« *Saint-Jean, de Saint-Michel, de Saint-Sul-*
« *pice, de Sainte-Marie de Gaisole et de Saint-*
« *Julien, ainsi que l'église de Saint-Pierre*
« *qui est encore en construction. De même,*
« *je prie tous les grands accourus à la solen-*
« *nité de cette consécration, quelle que soit*
« *leur dignité, d'avoir à gratifier charitable-*
« *ment cette église, de leurs biens.* (Suivent
« les noms des donateurs, ainsi que la dési-
« gnation des terres concédées.) *Cette dona-*
« *tion fut faite et cette charte écrite 1019 ans*
« *après l'Incarnation de J.-C., le 18ᵉ jour de la*
« *lune, le 17 des kalendes de décembre* (1). »

Ces largesses furent suivies, dans ce même siècle, d'un grand nombre d'autres, comme on peut le voir dans les diverses Chartes des années 1025, 1034, 1038, 1039, 1057, 1059 (2).

Dans la Charte de 1082, Pierre, archevêque d'Aix, confirma toutes les donations faites par Pons, l'un de ses prédécesseurs. Il y est dit entre autres choses : « *Quant aux églises* « *concédées aux Religieux de Marseille par*

(1) Voir la note A, à la fin du vol.
(2) Voir les chartes, 330, 333, 321, 322, 323, 327 du cart. de saint Victor.

« *nos devanciers, nous les livrons et concédons*
« *aux dits Religieux dans la même teneur*
« *qu'elles ont été données*, avec le consente-
« ment et la confirmation de nos clercs, par
« notre concession et par l'autorité du prévôt
« lui-même, le Seigneur Benoît, en présence
« de tous les chanoines. Les noms de ces
« églises sont : Les églises de Saint-Maurice, de
« Saint-Pierre, de Saint-Jean, de Saint-Pro-
« bace, de Saint-Michel, de Saint-Sulpice, de
« Sainte-Marie de Gaisole, de Saint-Julien
« avec tout ce qui appartient à ces églises,
« avec les prémices, offrandes, dîmes, chartes
« ou cimetières. De même, les églises qui
« dérivent de l'église paroissiale de Saint-
« Maurice, savoir : L'église que l'on bâtit en
« l'honneur de Saint-Sauveur, au château de
« Caude-Longue et l'église de Sainte-Marie
« de Seissons et l'église de Gaillet (1). »

En 1093, 1098, 1106 (2), nouvelles donations, parmi lesquelles plusieurs églises et chapelles.

On le voit, elles furent importantes et nombreuses, les libéralités dont ce prieuré fut

---

(1) Voir la note B, à la fin du vol.
(2) Chartes 222, 224, 332, du cart. de saint Victor.

l'objet, à diverses époques. Disons-le, cependant, ces libéralités semblaient être bien plus des restitutions que des largesses proprement dites. On n'ignore pas que, durant l'invasion des Sarrazins, la plupart des seigneurs, profitant de la fuite ou de l'expulsion des Religieux, s'étaient emparés des biens des monastères. Mais, une fois ces hordes incendiaires disparues, c'est-à-dire vers la fin du xe siècle, un des premiers devoirs des Evêques fut d'inviter et de contraindre même, sous les peines les plus sévères, les détenteurs de ces biens, à s'en dessaisir et à les restituer à leurs anciens maîtres. Ici donc, comme pour un grand nombre d'autres églises, il est à présumer que les seigneurs ne firent que rendre aux Religieux de Saint-Victor, une partie plus ou moins considérable des terres injustement acquises. Dès lors, il faut admettre que le prieuré de Saint-Estève est antérieur à l'invasion sarrazine et que son existence remonte au-delà du vIII^e siècle.

Du reste, à défaut de documents écrits, nous n'aurions qu'à consulter les ruines elles-mêmes, pour en découvrir la haute antiquité. Nous avons déjà dit qu'elles comprenaient l'abside et les murs de l'ancienne église, ainsi qu'une tour carrée, adossée à cette abside, du côté du nord.

Remarquons, d'abord, que l'abside est parfaitement orientée et qu'elle s'élève à une très-faible hauteur. Dans son arc de face et dans son arc de circonférence, elle présente la forme d'un fer à cheval. La partie supérieure est construite avec le *petit appareil*, et la partie inférieure, avec l'*appareil irrégulier, l'opus incertum*; mais cet appareil est mêlé çà et là de briques très-épaisses. En examinant le mortier, on voit qu'on a fait usage de la brique broyée; et on trouve même, au milieu des décombres, des tuiles romaines dans un parfait état de conservation. De plus, on distingue sur les murs de l'abside, des ornements d'un genre tout particulier; ce sont des *zigzags* ou *bâtons brisés*, dont le style romain aimait tant à orner ses édifices. L'ensemble des caractères de ces ruines accuse évidemment une église, bâtie dans le courant de la période latine, qui va, d'après l'histoire de l'archéologie, du ve au viiie siècle.

Que cette église, antérieure à l'arrivée des Sarrazins en Provence, ait été en partie détruite par ces Barbares, tout nous l'indique. L'examen des murs atteste qu'ils sont de construction plus récente que l'abside, et que, en conséquence, ils furent postérieurement rebâtis et soudés à celle-ci, restée debout. Mais, ce qui le prouve surtout, c'est la présence de la tour carrée, simultanément édifiée avec le relèvement des murs. Véritable tour de sûreté, du même modèle que celles que l'on admire encore à Arles (1), on la bâtit pour se mettre à l'abri de nouvelles incursions. Sa forme est d'un carré parfait, et ses murs sont entièrement fermés à l'extérieur. On y entrait par une porte cintrée, en pierre de taille et s'ouvrant dans l'église. Au bas de la tour, du côté du *Levant*, se dresse une petite abside, percée d'une fenêtre cintrée, fort étroite et ressemblant à une meurtrière. Une large pierre ornée de quelques moulures et élevée d'environ un mètre au-dessus du sol, occupe tout l'intérieur de cette abside. Elle pouvait servir de crédence et d'autel, au besoin. A la hauteur de 6 mètres, l'intérieur de la tour est

---

(1) Les quatre tours bâties sur l'amphithéâtre d'Arles que l'on transforma en citadelle, datent du commencement du viiie siècle. On les éleva pour résister plus vigoureusement aux attaques des Sarrazins.

fermé par une voûte en pierres ; une ouverture carrée de 50 à 60 centimètres, masquée dans un angle de la voûte, met en communication la partie inférieure de la tour avec la partie supérieure. On ne pouvait pénétrer dans celle-ci qu'au moyen d'une échelle ; car, il n'y a pas trace d'escalier.

Nous en avons assez dit pour démontrer que l'église de Saint-Estève et son prieuré, construits avant l'invasion Sarrazine, remontent, pour le moins, au VIIe ou au VIe siècle.

Recherchons, maintenant, le but d'une si ancienne fondation.

Un point d'histoire parfaitement établi (1), c'est qu'il existait dès le Ve ou VIe siècle, à *Saint-Maximin* et à la *Sainte-Baume*, une Abbaye de Religieux Cassianites. On ajoute qu'ils y furent établis par Cassien lui-même. Or, ces Religieux avaient pour mission glorieuse de garder et d'honorer le tombeau de sainte Marie-Madeleine et la grotte, témoin de sa pénitence et de son amour.

Mais, vers la même époque, ainsi que nous l'avons suffisamment démontré, ces mêmes

(1) M. Faillon. Monuments inédits, tome I, pag. 490 et suiv.

Religieux venaient se fixer au pied de *Turris*, en y fondant l'église et le prieuré de Saint-Estève. Ne devons-nous pas en déduire, par argument d'analogie, qu'ils eurent, eux aussi, une mission semblable à remplir ? Si leur établissement à la *Sainte-Baume* et à *Saint-Maximin*, a pour cause la célébrité de ces Saints Lieux, leur présence à *Turris* ne s'expliquerait-elle pas aussi pour des raisons du même ordre ? Est-ce que *Turris* n'avait pas été aussi évangélisée par les prédications et sanctifiée par la mort d'un illustre Apôtre, d'un disciple du Sauveur ? En saluant à la *Sainte-Baume* et à *Saint-Maximin*, dans les enfants de Cassien, les sentinelles pieuses de la *grotte* et du *tombeau* de Sainte Marie-Madeleine, ne devons-nous pas également reconnaître en eux, au pied de *Turris*, les augustes gardiens du *corps de Saint Probace* ? Une telle preuve d'analogie ne doit-elle pas être prise, ici, en grande considération ? Mais, grâces à Dieu, l'Histoire paraît avoir éclairci cette question, comme on le verra au chapitre suivant. D'après divers témoignages, il est plus que vraisemblable que les Religieux Cassianites de *Saint-Estève étaient en possession du corps de Saint-Probace*, au commencement du xie siècle, c'est-à-dire, à l'époque même de leur réinstallation. Ce seul fait n'insinue-t-il pas qu'ils en furent aussi les heureux possesseurs, avant et pendant l'invasion des Sarrazins? D'autre part, l'Histoire de l'Eglise elle-même ne nous autorise-t-elle pas à tirer cette induction? Ignore-t-on, en effet, que la fondation des plus anciens monastères a eu, généralement, pour principe, le voisinage d'un tombeau illustre, ou bien la garde de quelque lieu sacré ou de quelque relique insigne? N'est-ce pas, pour une raison semblable, que fut créé l'antique prieuré de Saint-Estève? Et, ne nous fût-il parvenu aucun document écrit pour nous le dire, les échos de ces ruines, sérieusement étudiées au flambeau de la raison, de l'Histoire et des traditions religieuses, ne suffiraient-ils pas à nous amener à cette conclusion?

CHAPITRE XIII

TRANSLATIONS DIVERSES DU CORPS DE SAINT PROBACE

Nous avons établi, au chapitre IV°, la croyance qu'a toujours professée le peuple de Tourves à la possession du *corps* de Saint Probace. Tout nous parle de cette foi : légendes, prières, cantiques, délibérations et procès-verbaux de la communauté, etc. Mais, depuis le 5 août 1643, époque à laquelle le *Conseil Général* du lieu constata solennellement (1) la présence du *corps* du saint Apôtre dans son tombeau propre, l'Histoire est en droit de nous poser une double question : 1° Qu'était devenu ce *corps* vénéré dans les siècles antérieurs ? — 2° Qu'est-il devenu dans les temps qui ont suivi ?

Nous répondrons à la première question

---

(1) Voir la note D, à la fin du vol.

dans ce chapitre, réservant la solution de la seconde, au chapitre suivant.

Et d'abord, voici ce que nous relate de l'histoire du *corps* de Saint Probace, dans des notes soigneusement recueillies, le docte Chanoine Castellan (1) :

« *Une copie du procès-verbal de l'acte de consé-*
« *cration de l'église du prieuré de Saint-Etienne à*
« *Tourves, conservée à Tourves jusqu'à la Révo-*
« *lution,* — nous dit l'illustre historien des églises de Provence, — « *mentionnait le corps de Saint*
« *Probace comme étant au nombre des reliques*
« *déposées dans l'église Saint-Etienne. Des per-*
« *sonnes dignes de foi m'ont attesté y avoir lu*
« *cette mention. Plus tard, les Bénédictins Cassia-*
« *nites desservants du prieuré l'ayant abandonné,*
« *le corps du Saint fut déposé dans l'église paroissiale.* »

Cet événement dut avoir lieu vers la fin du XVe siècle. C'est à cette époque, que les Religieux de Saint-Estève quittèrent leur prieuré, et que fut fondée l'église paroissiale. D'un côté, en effet, nous ne trouvons plus, depuis l'année 1470, de documents relatifs à la pré-

(1) Voir les notes I, J, à la du fin vol.

sence de ces religieux à Tourves ; et de l'autre, nous lisons dans un ancien manuscrit (1) :

« *Eglise de l'Annonciade.*

« *1470. Le prieur de Tourves a aussi acheté des
« maisons et des jardins où il a fondé une église
« de l'Annonciade, dans laquelle on chante et on
« prie Dieu pour le salut de notre prince et de tout
« fidèle chrétien.* »

Le savant chanoine ajoute :

« *Durant le* XVIe *siècle, le corps fut tiré de
« l'église paroissiale, pour être placé dans une cha-
« pelle bâtie en son honneur.* »

Dans une lettre à l'abbé Mercurin, ancien curé de Tourves, et plus tard nommé chanoine titulaire de la cathédrale de Fréjus, le savant professeur disait encore :

« *Je me rappelle fort bien avoir appris dans ma
« jeunesse de M. Aubert, curé de Tourves, homme
« très-instruit, que les reliques de Saint Probace
« sont déposées dans une caisse de bois blanc. Ce
« même M. Aubert ajoutait qu'elles furent trans-
« férées de l'antique église de Saint-Etienne dont*

---

(1) 1470. « *Item ha comprat lo prior de Torreves de casals et hors en
« que ha fondada la gleysa de l'Annunciada en laqual si canta et si
« prega Dieus lestanet de nre prince et de tot fisel crestia.* » (Extrait des archives de saint Victor.)

« on voit les ruines au-dessous du château, dans
« la paroissiale, à l'époque où les moines Bénédic-
« tins qui y avaient un monastère, l'abandonnè-
« rent et d'où on les transporta dans le tombeau
« actuel. »

Ainsi, d'après le témoignage du chanoine Castellan, basé sur des autorités fort respectables, dès le commencement même du xie siècle, le *corps* de Saint Probace était au nombre des reliques déposées dans l'église de *Saint-Estève*, et sous la garde des Bénédictins Cassianites. Mais, suivant toute vraisemblance, comme nous l'avons déjà exposé, ces Religieux étaient en possession de ce *corps*, dès les premiers jours de leur établissement au pied de *Turris*. Dès lors, nous pouvons signaler l'époque de la première translation qui dut se faire dans le courant du ve ou du vi^e siècle, de la *sainte montagne* à l'église de *Saint-Estève*.

Survint, ensuite, au commencement du viiie siècle, l'invasion des Sarrazins.

« *C'était,* dit l'abbé Faillon, *une nation féroce*
« *qui, alliant le mahométisme avec l'idolâtrie,*
« *prêchait le Coran les armes à la main, et exerçait*
« *sa fureur principalement sur les églises et sur*

« les personnes consacrées à Dieu. En Espagne,
« ils démolirent de fond en comble un grand
« nombre d'églises; ce qu'ils firent aussi ailleurs,
« notamment en Syrie où ils les rasèrent toutes
« depuis Ernesse jusqu'à Damas. On conçoit assez
« que ces ennemis du nom chrétien ne devaient
« pas épargner les saintes Reliques. Aussi pour
« soustraire à leur fureur celles des églises d'Es-
« pagne, les chrétiens de ce pays s'empressèrent-ils
« de les cacher dans la terre ou dans les creux des
« rochers, et d'en transférer même plusieurs dans
« des villes fortes des Gaules.

« Les Provençaux qui ne tardèrent pas à ap-
« prendre ces horreurs, craignirent d'être envahis
« à leur tour, et prirent le parti d'enfouir aussi
« dans la terre, les corps de leurs saints tutélaires.
« L'anonyme qui a écrit la Vie de saint Porcaire
« de Lérins, second du nom, rapporte que ce saint
« abbé connut par révélation que son monastère
« était sur le point d'être saccagé par ces Barbares,
« et reçut ordre de cacher les Reliques que l'on y
« possédait. Ce fut, peut-être, sur un semblable
« avertissement, ou d'après cet exemple, qu'à Mar-
« seille on cacha aussi le corps de saint Lazare, à
« Tarascon celui de sainte Marthe, à Notre-Dame
« de la Mer les corps des saintes Maries Jacobé et
« Salomé, et, à Saint-Maximin, celui de sainte
« Marie-Madeleine. Au moins, dans cette sage pré-
« caution, on ne peut méconnaître les soins de la
« divine Providence sur les restes mortels de ces

11

« saints personnages que le Sauveur avait particu-
« lièrement aimés.

« L'événement montra bientôt, en effet, combien
« les appréhensions des Provençaux étaient fondées.
« Après s'être emparés de l'Espagne et avoir éteint
« dans ce pays la puissance des Visigoths, les Sar-
« razins prétendirent que cette conquête n'était que
« le commencement de leurs expéditions, et qu'ayant
« détruit le royaume des Visigoths, ils devaient
« posséder aussi toutes les provinces qu'avaient
« eues avant eux ces anciens vainqueurs des Ro-
« mains, par conséquent la Septimanie et la Pro-
« vence. Ils ne tardèrent donc pas à porter leurs
« armes dans ce pays et à y renouveler toutes les
« horreurs qu'ils avaient commises en Espagne.
« Ce fut alors que pour se mettre en défense
« contre ces cruels agresseurs, les habitants d'Arles
« firent une citadelle de leur amphithéâtre, dont
« ils bouchèrent les galeries extérieures, et sur
« lequel ils bâtirent les quatre tours qu'on y
« voit encore aujourd'hui. Cette ville succomba
« néanmoins aux efforts des assiégeants, comme
« nous l'apprend Rodrigue dans son Histoire des
« Arabes...

« Les Barbares pillèrent les églises, profanèrent
« les autels, les reliques des Saints, les ornements
« sacrés, démolirent les églises, à l'exception ce-
« pendant de la cathédrale qu'ils laissèrent sub-
« sister.

« Les autres villes de la Provence furent traitées

« avec la même fureur : Marseille livrée au pillage ;
« la ville d'Aix dépeuplée ou par le fer des Barbares
« ou par la fuite des citoyens ; Cimiez ruiné de
« fond en comble ; le monastère de Lérins dévasté ;
« enfin une multitude de lieux abandonnés par
« leurs habitants qui cherchaient un asile dans la
« solitude des montagnes : tel est le tableau d'une
« partie des horreurs que commirent alors les
« Sarrazins (1). »

Turris ne fut pas plus épargnée. Peu distante de ces cités, traversée par la grande voie aurélienne, pouvant servir de lieu de passage, de retranchement ou de refuge à ces Barbares, elle devait, encore plus que d'autres, se trouver exposée à leurs incursions et à leurs brigandages. Ses sanctuaires furent immanquablement détruits et le prieuré de Saint-Estève devint la proie des flammes. Et, de même que dans les autres villes de la Provence, les Religieux et les fidèles avaient soigneusement caché les Reliques de leurs saints Protecteurs, comment ne pas admettre aussi que les Cassianites et les habitants de *Turris* suivirent ce pieux mouvement et dérobèrent à toute profanation leur précieux trésor ?

(1) Monuments inédits. Tome I, pag. 679 et suivantes.

Rappelons-nous, en effet, que les Religieux de *Saint-Estève*, à *Turris*, à cause de la proximité des lieux, étaient en rapports fréquents avec leurs frères établis à Saint-Maximin. Peut-on supposer, un instant, qu'à la nouvelle de l'invasion de ces Barbares, ils n'eurent ni les uns ni les autres, la sagesse de préserver les saintes Reliques d'actes sacrilèges? Or, il est reconnu, aujourd'hui, que les Cassianites de Saint-Maximin opérèrent le recèlement du corps de sainte Marie-Madeleine, en l'année 710. Comment ne serait-il pas permis de conclure que ce fut, aussi, vers la même époque, que se fit celui du *corps* de Saint Probace.

C'est ainsi que, appuyés sur les données du sens chrétien et de la Foi, sur l'Histoire des saints Apôtres de la Provence, sur le témoignage de documents sérieux, nous pouvons signaler à travers la nuit des temps, les translations diverses du *corps* de l'Apôtre de Tourves.

Déposé dans le tombeau primitif, au Ier ou au IIe siècle de l'Eglise, ce *corps* y demeura jusqu'à l'établissement des Cassianites, à *Saint-Estève*, c'est-à-dire jusqu'au ve ou au vi⁵ siècle. Alors, les Religieux en deviennent les gardes d'honneur. Soustrait, dès le viii⁵ siècle, à la profanation des Sarrazins, nous le voyons réapparaître au commencement du xi⁵, à l'époque où les religieux reviennent dans leur prieuré. L'église de *Saint-Estève* le conserve jusqu'à la fin du xv⁵ siècle, pour le transférer, après, dans l'église paroissiale de l'*Annonciade*. Dans le courant du xvi⁵ siècle, on le place de nouveau dans le tombeau primitif, où sa présence nous est solennellement attestée, ainsi que nous l'avons déjà dit au commencement de ce chapitre, dans une délibération du Conseil général de Tourves, en date du 5 août 1643 (1). Il nous reste à dire, maintenant, ce qu'il est devenu depuis lors.

(1) Voir la note D, à la fin du vol.

CHAPITRE XIV

VISITE INFRUCTUEUSE DE Mgr D'ASTROS ET DE PLUSIEURS AUTRES PRÉLATS AU TOMBEAU DE SAINT PROBACE. — INVENTION DU CORPS DU SAINT APÔTRE.

EN l'année 1827, une grande Mission était donnée dans la paroisse de Tourves : La clôture de ces solennels exercices eut lieu le 22 mai, sous la présidence de Mgr d'Astros (1), alors Evêque de Bayonne et nommé, plus tard, Archevêque de Toulouse et Cardinal de la sainte Eglise. Le Prélat était assisté de trois autres Evêques : N. N. SS. de Richeri, évêque de Fréjus, de Mazenod, évêque

---

(1) Paul-Thérèse-David d'Astros, né à Tourves en 1772, embrassa l'état ecclésiastique et supporta avec une grande résignation, les mauvais jours de la Révolution. En 1809, le Pape lui adressa le bref qui rappelait à Montefiascone, le cardinal Maury, archevêque de Paris, et la bulle d'excommunication contre Napoléon. Incarcéré à Vincennes jusqu'en 1814, il accompagna pendant les Cent-Jours, la famille des Bourbons à Gand. Evêque de Bayonne à son retour, archevêque de Toulouse et de Narbonne en 1830, cardinal en 1850, il mourut dans la paix du Seigneur en 1851.

de Marseille, oncle du dernier Evêque de ce nom, et Miollis, évêque de Digne.

Originaire de Tourves, M⁹ʳ d'Astros avait voulu, par cette acte de haute condescendance, montrer à ses compatriotes combien était vive et profonde l'affection dont il les honorait.

Là ne se borna point son zèle. Enfant du pays, le généreux Evêque avait conservé envers Saint Probace, la plus tendre dévotion. Comment pouvait-il oublier les jours de son jeune âge, où il gravissait la montagne sainte et venait prier auprès du vénéré tombeau ? La tradition lui avait bien affirmé que dans ce tombeau avaient été déposées les Reliques du Bienheureux Apôtre ; mais ce trésor précieux s'y trouvait-il encore renfermé ? Depuis bientôt deux siècles, l'Histoire était muette sur ce point. N'était-il pas à craindre qu'on l'eût profané et fait disparaître, comme tant d'autres, soit pendant les guerres de la dernière moitié du XVIIᵉ siècle, soit pendant la tourmente Révolutionnaire de 93 ?

Voulant mettre fin aux légitimes inquiétudes de sa piété, M⁹ʳ d'Astros, de concert avec ses vénérés Collègues, résolut de visiter secrètement l'auguste tombeau. Les Prélats firent choix de quelques hommes sûrs et discrets, au nombre desquels se trouvait le nommé Philémon Charles, maître-maçon. La pierre tumulaire fut soulevée, mais hélas! sans résultat. Attristés d'un tel mécompte, les pieux Visiteurs firent remettre immédiatement la pierre à sa place, recommandant à tous les témoins le plus grand silence.

Le bruit de cette démarche infructueuse ne se répandit que longtemps après. Mais le peuple n'en continua pas moins d'accourir aux jours de solennité, à l'humble tombeau, pour y vénérer avec la foi la plus vive les Reliques de son Apôtre bien-aimé.

Cependant, vivait dans une cellule de la Grande-Chartreuse, un saint Religieux, le P. *Maurice Borel*. Né à Tourves, au commencement de ce siècle, ce fils de saint Bruno, conservait, dans sa solitude, comme un de ses plus chers trésors, une dévotion très-douce et très-profonde envers le Bienheureux Disciple.

Une de ses grandes peines de cœur était, comme il le disait souvent, de voir l'obscurité dans laquelle était enseveli l'Apôtre de son pays. Aussi priait-il ardemment le Seigneur de faire luire le jour où son saint Disciple serait connu et glorifié.

Dans le désir de hâter cette glorification, nous ne saurions dire combien de lettres il nous avait adressées à nous et à plusieurs autres prêtres. Il nous sollicitait, il nous pressait, avec les plus vives instances, d'activer nos recherches dans les bibliothèques et dans les archives, afin de mettre au grand jour la radieuse figure de son Saint bien-aimé.

Un fait particulièrement remarquable, c'était le ton de conviction avec lequel il annonçait dans toutes ses lettres, la prochaine glorification du grand Serviteur de Dieu. Ce ton s'accentuait de plus en plus, à mesure que nous découvrions de nouveaux documents. Enfin, il avait comme le caractère d'une inspiration prophétique, dans la dernière lettre que nous reçûmes de sa plume si pieuse et si sainte.

Dans cette lettre, le vénérable Religieux suppliait M. Raymondi, curé de Tourves, d'ouvrir le tombeau du saint Disciple et d'en extraire les *Reliques*, afin de les soumettre à un examen scientifique. Et cela était dit en termes si simples et si pleins d'assurance, que l'auteur de la lettre ne semblait nullement préoccupé de la crainte que le précieux trésor eût pu être enlevé et détruit par la main des hérétiques ou des anarchistes révolutionnaires. Il n'ignorait pas, cependant, que depuis un siècle environ, cette appréhension, jointe à celle de porter un coup douloureux à la pieuse croyance de tout un peuple, avait arrêté les curés qui s'étaient succédé dans la paroisse de Tourves, et les avait empêchés de se livrer à de sérieuses recherches, surtout depuis la tentative secrète et infructueuse de Mgr d'Astros, en 1827.

Cette lettre eut pour résultat de déterminer M. Raymondi à sonder le mystère du tombeau. Dans ce dessein, il se munit auprès de Mgr l'Evêque de l'autorisation et de la délégation nécessaires, afin de procéder d'une manière légitime et conforme aux saints Canons.

Appelé par une lettre d'invitation, l'auteur de cet ouvrage accourut se joindre à M. le Curé de Tourves, à M. *Poulidon*, son vicaire, à M. *Joseph Sayou*, premier prieur de la chapelle et à M. *Marius Goujon*, maitre-maçon. Sans laisser le moins du monde soupçonner l'objet de notre excursion, le 12 novembre 1869, à une heure de l'après-midi, nous gravissions religieusement la *sainte montagne*, le cœur partagé entre l'espérance et la crainte.

Arrivés dans le vénéré sanctuaire, notre premier soin fut de nous jeter à genoux et de nous mettre sous la protection du Seigneur et de son saint Disciple. Après quelques efforts, la barrière d'enceinte et la grande pierre du tombeau étaient enlevées. Notre confiance fut alors soumise à une rude épreuve : Le caveau n'offrit à nos regards que des pierres et des décombres. Notre pénible impression nous fit aussitôt songer au désappointement que durent éprouver Mgr d'Astros et les vénérables Prélats qui l'accompagnaient, lors de leur mystérieuse visite. Surmontant, toutefois, l'hésitation et le découragement qui s'étaient emparé de notre esprit, nous résolûmes de poursuivre nos recherches en dégageant le tombeau des décombres qui le remplissaient. Nous étions à l'œuvre depuis quelques instants, lorsque nous vîmes apparaître quelques morceaux de bois noircis, qui se pulvérisaient sous la pression des doigts, et quelques débris de lames de fer rongées par la rouille. N'étaient-ce point là les fragments du coffre de bois dont il était parlé dans les notes du chanoine Castellan ? Et ces lames de fer ne l'avaient-elles pas recouvert ? Nos doutes firent bientôt place à une certitude parfaite. A un angle du mur occidental du caveau, dans un espace d'environ 0,60 cent. sur 0,40 de large, nous découvrîmes le crâne et, à côté du crâne, tous les ossements religieusement superposés les uns aux autres.

Le coffre de bois qui les renfermait s'était réduit en poussière, par l'effet du temps et de l'humidité. Depuis 150 ans, selon toute probabilité, les précieux ossements étaient mêlés aux décombres, et, par conséquent, exposés à l'action dissolvante du mortier. Et cependant, chose étonnante ! loin d'offrir la moindre trace de carie, ils étaient dans un état de parfaite conservation (1).

Il serait difficile d'exprimer de quel tressaillement de respect et de joie nous fûmes alors saisis ! Mais ce qui mit le comble à notre bonheur, ce fut la découverte d'une plaque de plomb qui avait été placée autrefois sur le coffre de bois et qui se trouvait mêlée aux ossements. Quoiqu'à moitié rongée, cette

(1) Voir le procès-verbal de la Commission scientifique, note O.

plaque portait encore ces mots gravés avec un poinçon :

1660
le 22 decebre
le couffret sy dessou
fu en...oui par
P. Durand p^{bt}

Nous ne redirons pas ici qui était l'abbé Durand. Son nom, le lecteur s'en souvient, a été plus d'une fois mentionné dans cet ouvrage.

Or, cette constatation de la présence du corps de Saint Probace, faite le 22 décembre 1660, six mois environ après le voyage de l'abbé Durand à Rome, n'était que la confirmation solennelle des constatations précédentes ; entre autres, de celle qui est rapportée dans le procès-verbal du 5 août 1643.

La lumière était donc faite sur ce grave sujet. Un si beau résultat jetait sur les témoignages de l'Histoire et un passé de 18 siècles de tradition, les plus pures et les plus consolantes clartés !

Procès-verbal de cette heureuse invention fut aussitôt dressé par M. le Curé de Tourves, signé de tous les témoins et envoyé à Mgr l'Evêque de Fréjus et Toulon. Quelque temps après, Sa Grandeur reconnaissait canoniquement l'authenticité des Reliques de Saint Probace et autorisait M. Raymondi à les exposer à la vénération des fidèles, lorsqu'il aurait acquis une châsse convenable pour les y enfermer (1).

Pendant que tout ceci s'accomplissait dans le mystère, une longue sécheresse avait tellement durci le sol que les semailles étaient devenues impossibles. Pour une population essentiellement agricole, c'était là une situation et une perspective des plus désolantes. Fidèle à son antique et pieuse coutume, le peuple de Tourves eut de nouveau recours à son Saint Protecteur. Au jour convenu, hommes, femmes et enfants se rendirent en foule au Sanctuaire de la montagne, et en rapportèrent processionnellement l'Image Sainte que l'on plaça dans l'église paroissiale, où une neuvaine de prières fut commencée.

Dès le second jour, le ciel se couvrit d'épais

---

(1) Voir l'Ordonnance épiscopale, note N, à la fin du vol.

nuages et bientôt une pluie douce et abondante commença de tomber. Cette pluie dura près de trois jours, et porta l'espérance au sein de toutes les familles et l'enthousiasme de la dévotion envers Saint-Probace dans tous les cœurs.

La neuvaine de prières et d'actions de grâces finie, le peuple fut invité de nouveau à se rendre à l'église pour reporter solennellement à la chapelle, l'image du saint Apôtre. Ce jour-là, l'enceinte sacrée fut trop étroite pour contenir la foule des fidèles, et nous fûmes témoin nous-même d'un spectacle sublime dans sa simplicité. M. le curé monte en chaire et commence par faire l'éloge de la dévotion de Tourves envers leur saint Protecteur. Selon lui, cette dévotion a été, dans tous les temps, couronnée des plus heureux résultats. La voix des siècles nous atteste, en effet, que si, d'une part, le peuple de Tourves n'a cessé d'avoir envers Saint Probace la foi la plus filiale et la plus entière, de l'autre, le saint Disciple a constamment veillé sur les besoins de ses enfants, dont il aime à porter devant le Seigneur les prières et les vœux. Aujourd'hui encore, sa puissante intercession dans le ciel s'est manifestée d'une manière éclatante. La pluie que l'on demandait, s'est répandue avec une abondance extrême. Bien plus : Saint Probace a voulu en quelque sorte se manifester lui-même à son peuple, par la plus insigne des faveurs. M. Raymondi commence à révéler alors le grand mystère du tombeau du saint Apôtre. Dès les premiers mots du récit, s'établit dans la pieuse Assemblée le plus profond silence ; les têtes sont immobiles ; tous les regards se concentrent sur la chaire : on est saisi de l'immense intérêt que cet événement éveille dans les esprits. M. le Curé n'oublie aucune des circonstances et des péripéties qui avaient accompagné la recherche des Saintes Reliques ; enfin, il fait part de leur heureuse invention. A ce moment, un tressaillement visible parcourt tous les rangs ; des acclamations de foi et de reconnaissance sont à peine contenues dans les poitrines ; des larmes de joie brillent dans tous les regards.

Lecture est aussitôt faite de l'Ordonnance de Monseigneur l'Evêque, qui reconnaissait canoniquement l'authenticité des Saintes Reliques et permettait de les exposer à la vénération des fidèles, lorsqu'elles seraient renfermées dans une châsse convenable.

Plein de confiance dans ses ouailles, dont la générosité lui avait déjà permis l'érection de la belle Vierge du Rocher et la construction de la charmante chapelle de Notre-Dame de la Salette, M. Raymondi termine son discours en adressant un nouvel appel à la libéralité des habitants.

Huit ou dix mois après, grâce aux nombreuses offrandes qui lui vinrent de toutes parts, M. le Curé recevait la magnifique châsse qu'il avait commandée et dont il avait lui-même tracé le dessin. Elle est en bronze doré, ornée de huit statues d'un goût achevé, parmi lesquelles figure, en première ligne, le saint Apôtre de Tourves.

La grande fête de la translation solennelle des Reliques de Saint Probace avait été fixée pour le commencement de septembre 1870.

Les malheurs épouvantables qui fondirent sur la France, à cette époque, et dont les suites nous affligent encore, n'en ont pas permis la célébration.

Espérons que des jours meilleurs se lèveront bientôt, où le vrai peuple de Tourves, en dépit du joug absurde que des hommes étrangers à sa foi et à son sol prétendent depuis quelque temps lui imposer, rendra enfin à son saint Protecteur, la gloire éclatante qu'il lui préparait alors (1) !

(1) Nous savons que notre excellent ami, M. l'abbé Reboul, curé de la paroisse, n'attend que le moment favorable pour organiser, en l'honneur du saint Apôtre, des fêtes très-solennelles.

PIÈCES JUSTIFICATIVES

RELATIVES

A L'HISTOIRE DE SAINT PROBACE

Note A

CHARTA 325 (1)

15 nov. anno 1019

Jhesus ipse, Virginis filius, in maternis visceribus humanam sumens naturam, sanctam sibi sociavit ecclesiam, quam fidei anulo subarrans, sicut propriam veste nubtiali vestivit sponsam, eamque eo dilexit, quatenus pro ejus amore mortem subire non recusaverit. Unde factum est ut victor mortis effectus per universum orbem, nubcias, et in quibus fieri deberent domos, parare jusserit ; que domus ob frequentia fideliumque convenientiam ecclesiarum vocabulum sortite sunt. Igitur ego Poncius, gracia Dei, Aquensis archiepiscopus, amore et dilectione Dei tactus et gloriosissimi Victoris martyris, et abbatum et monacorum ipsius monasterii, bono atque amicabili animo hanc ecclesiam consecrare facio, et hoc discerno et constituo, et etiam ex parte omnipotentis Dei et mea excommunico, ut, infra terminos istius ecclesiæ vel cimeterii, nullus hunquam hominum neque ulla feminarum cujuscumque dignitatis, ullo unquam tempore, vim inferre audeat ant praedam facere : sed, propter honorem gloriosissimi Stephani martyris, iste locus et qui habitaverint in eo cum pace et quiete et securitate in perpetuum maneant. Dono etiam huic

---

(1) Collection des Cartulaires de France, tome VIII. — Cartulaire de l'Abbaye de Saint-Victor de Marseille publié par M. Girard, membre de l'Institut de France, tome I, page 339. Paris, typographie de Ch. Lahure, 1857.

Nous avons cru devoir laisser dans cette charte et dans la suivante l'orthographe latine de l'époque.

ecclesiae que in honore beati Stephani consecratur, omnes ecclesias que sunt constructe in territorio castri quod vocatur Torreves, cum omnibus que ad ipsas ecclesias pertinent, cum primiciis, offerendis, decimis et cartis, sive cimiteriis, ecclesiam videlicet sancti Mauricii, sancti Probacii, sancti Johannis, sancti Michaelis, sancti Sulpicii et sancte Mariæ de Gaisola et sancti Juliani, necnon et ecclesiam sancti Petri, que ad huc edificatur, et omnes proceres qui ad sollempnem hujus consecrationis convenerunt cujuscumque dignitatis sint, ut de suis honoribus huic ecclesie caritative prebeant.

(*Suivent les noms des donateurs et donatrices, avec les désignations détaillées de toutes les donations*).

. . . .

Factum est hoc donum et scripta hec carta, transactis ab incarnatione Christi annis MXVIII, luna VIII decima, XVII kalendas Decembris.

Nos supradicti donatores et laudatores ac firmatores ujus carte donamus Domino Deo et ecclesie sancti Stephani et monachis ibidem Deo servientibus, supradictum donum, ut habeant omni tempore, amen. Signum Poncii, archiepiscopi aquensis ecclesie. Ego Poncius, aquensis archiepiscopus, hoc donum scribere feci et propriis meis manibus firmavi ; donatores ac laudatores firmare rogavi. Wilelmus de Castello Rainar firmat, Willelmus de Cucuro firmat. Gibertus de Luc firmat. Willelmus de Rocabaro firmat. Poncius Boetus firmat. Dodonus firmat. Boetus firmat. Silvius firmat. Willelmus Tronellus firmat. Poncius Crustella firmat. Ataldus firmat. Dado firmat. Lambertus firmat.

Note B

CHARTA 321 (1)

27 Maii an 1082

Equum et rationabile dignumque probatur ut, quemadmodum nostra volumus, ita et antecessorum nostrorum statuta servare debeamus. Unde, quia hoc certissimum firmumque tenetur, eapropter noticie presencium futurorumque mandare curamus, quod ego Pettrus, diviná ordinatione, aquensis ecclesie archiepiscopus, ad noticiam presentium nec non etiam hominum sequencium cupientes perveniri et ad Dei scientiam volencium, ecclesiam sancti Mauricii cum suis capellis sancti Johannis, sancti Probacii, sancti Michaelis, sancti Sulpicii, sancte Marie de Gaisola, sancti Juliani, nec non et ecclesiam sancti Petri que antiquitus a nobilissimo viro domno Poncio, aquensi archiepiscopo, concedentibus omnibus hujus terre majoralibus, cartis et indiciis evidentissimis sancti monasterio Victoris oblate in helemosinam traduntur. Iterum post longo tempore ecclesia sancti Petri que ab eodem sancto loco per simoniam subtracta et a quibusdam clericis injuste possessa, modernis temporibus qualiterDeo auxiliante et nobilissimis viris Lamberto et Ugone et Wilelmo et Guigone et Guiberto et Dodone et Amelio et Guidone et Petro Guiberti et Dodone et Wilelmo Boeti et multis aliis,

---

(1) Cartulaire de saint Victor de Marseille, TOME I, page 244.

zelo Dei accencis, id agentibus, eidem sancto loco sit restituta, his scriptis indere statuimus.

Eas vero ecclesias que ab antecessoribus nostris monachis Massiliensibus sunt collate, eodem tenore quo date sunt, nostra concessione atque auctoritate ipsius Benedicti prepositi, attestantibus omnibus canonicis tradimus, concedimus supradictis monachis, cum consensu et confirmatione clericorum nostrorum. Quarum ecclesiarum hæc sunt nomina ; ecclesia sancti Mauritii, sancti Petri, sancti Johannis, sancti Probatii, sancti Michaelis, sancti Sulpitii, sancte Marie de Gaisola, sancti Juliani, cum omnibus que ad ipsas ecclesias pertinent, cum primiciis, offerendis, decimis et cartis sive cimiteriis. Iterum ecclesias que a parrochiali ecclesia sancti Mauricii derivate sunt : ecclesia videlicet que in honore sancti Salvatoris construitur, in Castello caude Longue et ecclesia sancte Marie de saxone et ecclesia de Gaile et sicut ab integro monachi Massilienses parrochiam sancti Mauritii coadunatam habebant, eodem tenore, nostra donatione atque auctoritate domini Benedicti prepositi concedentibus, omnibus canonicis, Ymperto videlicet et Poncio et Ugone et Amalrico et Petro et aliis canonicis. Supradicti monachi parrochias per partes discretas, cum supradictis appendiciis habeant.

. . . .

Factum est hoc donum et scripta hec carta anno ab incarnatione Domini nostri Jhesu - Christi MLXXXII, VI kalendas junii, luna XXI.

. . . .

Signum Petri archiepiscopi aquensis. Ego Petrus aquensis archiepiscopus, hoc donum scribere feci et propriis manibus firmavi.

Note C

CONSEIL GÉNÉRAL (1)

Délibération du 28 juin 1643

Du vingt-huitième jour du mois de juin mil six cent quarante-trois, le conseil moderne de la Communauté du présent lieu de Tourves et autres chefs de maison en forme de Conseil général s'est assemblé dans la maison du sieur Consul Broquier, attendu l'empêchement de la maison commune Saint-Sprit par les prieurs de Saint-Loy, par devant M. George Savoty, bailli et lieutenant du juge où sont esté présents :

M. Charles Broquier et Joseph Barthélemy, consuls, François Gasquet et Jean Guérin, escuyer, thrésoriers ; André Jaubert et Charles Laurens, conseillers.

CHEFS DE MAISON

François Jaubert, Ogier Grisolle, Anthoine Charles, Pierre Mauron, Etienne Germand, Jean Barbaroux, Esperit Blanquy, Honoré Jaubert, Jean Mercadier, Balthésard Blanquy, Melchior Dille, Pierre Revest, Jean Brémond, François Barthélemy, Louis Barbaroux, Honoré Charles, Louis Arnouls, Balthazard Barbaroux, Honoré Revest.

(1) Cette délibération et les suivantes sont extraites d'un vieux registre, lacéré en partie et trouvé dans des paperasses abandonnées d'une sacristie de l'église de Tourves.

Auquel conseil ledit sieur Consul Broquier a proposé que, puis la veille de la feste de la Pentecoste il a diverses visions aux chapelles Saint-Jean et Probace, voire des révélations pour les remestre en estat afin que le divin service et saintes messes y soit célébré et, de plus, qu'une petite fille de Anthoin Aymat de ce lieu grandement indisposée et clochant des deux costés, ayant intercédé lesdits Saints par la grâce de Dieu, a recouvré santé tellement que suivan leurs advis reçus de Monsieur Guérin, vicaire e official de Monseigneur d'Aix, et auquel le sieur so grand vicaire a donné pouvoir et charge de prendre cognaissance des dictes visions, révélations et miracles, a trouvé très-expédient et nécessaire de faire rédiffier et mettre en estat les ruines des dictes chapelles, celles couvrir, afin d'obtenir la permission d'y célébrer la sainte messe, augmenter la dévotion qu'on y voit naistre, prier Dieu pour les suffrages de dicts saints, y vouloir accroistre et apporter les affluences célestes de ses bénédictions et faveurs e sur ce y estre délibéré.

L'assemblée à plein informée de la vérité de cette proposition, causant l'absence du sieur prieur de dictes chapelles, qui est hors du pays, à une unanime voix délibéré que, pour la gloire de Dieu et des dits Saints, les dictes chapelles seront basties et remises à couvert pour y pouvoir estre célébré le divin office et sainte messe, et pour ce faire, la Communauté contribuera à toute la despanse nécessaire et pour y pouvoir estre satisfait sont esté commis les dicts sieurs Consuls, le sieur Guérin premier conseiller, Esperit Blanquy et Jean Mercadier auxquels est donné ample pouvoir, d'apporter leurs soings et diligences pour l'exécution de la dicte proposition, soit aux dépens de la dicte communauté ou des charités et ausmones qu'ils pourront recevoir pour augmenter la dévotion qu'on voit naistre aux dictes chapelles, et à leur rapport seront relevez en debue forme.

Note D

CONSEIL GÉNÉRAL

Délibération du 5 août 1643

Du cinquiéme jour d'août mil six cent quarante-[trois], le conseil général de la Communauté du présent [lie]u de Tourves s'est ascemblé dans la maison com[mu]ne Saint-Esprit et autres chefs de maison en forme [de] conseil général par devant M. George Gavoty, [bai]lli et lieutenant de juge où sont estés présents :

(Suivent les noms des conseillers et chefs de mai[son], les mêmes que ceux de la délibération précé[den]te et quelques autres en plus).

Auquel conseil le dict sieur Consul Broquier a [pro]posé comme en suilte de la délibération du vingt-[hui]t juin passé à estre employé tous soings et diligen[ces] pour remestre en estat les chapelles Saint-Jean et [Sai]nt-Probace, employé non-seulement les charités [et a]usmones sur ce receues, mais encore le travail [cha]ritablement apporté par la générosité du peuple [du] lieu, mais par le manque et défaut de mestre [ma]sson l'œuvre et bastiment par faict se trouve de [tout] inutile et sans frait, et lequel estant continué [mena]ace une totale ruine et danger, tant évident par [le r]apport des maistres massons de la ville de Bri[gno]les qu'à cet effet ont esté mandé quérir, accedez [et v]isité ce lieu, tant y ce que pour y célébrer la [sain]cte messe l'on a fait couvrir la dicte chapelle [Sain]t-Jean, prié le sieur vicaire Blanc s'y transporter [en l]a ville d'Aix pour en obtenir la permission de

Monseigneur l'Archevêque, ce qu'il a faict et résolu que ce vendredi prochain quatorzième de ce mois, veille de l'Assomption de la Sainte-Vierge, la sainte messe y doit estre célébrée et procédé à la bénédiction des dictes chapelles pour le suffrage des saints desquels, moyennant la grâce et faveur du tout-puissant, la dévotion augmente du jour à l'autre par l'événement de plusieurs miracles et de la santé et guérison que plusieurs malades y reçoivent y faisant neufvaines et de plus par la déposition reçue de Estienne Christineau de la ville de Marseille, habité en la ville de Saint-Maximin, déclare que le vingt-huit juillet dernier, estant transporté aux dictes chapelles, après avoir faict ses prières et dévotions, faisant le tour d'icelles sur l'heure de deux après minuit, a entendu une voix grandement mélodieuse disant tels mots : « Tu es icy pour savoir la volonté de Dieu, « la volonté de Dieu est que les dictes chapelles « soient rétablies le plus promptement que faire se « pourra et qu'il y aie une fondation d'une messe à « perpétuité du nom de Jésus par la communauté à « chasque vendredy » et a faict le Saint-Esprit découvrit plusieurs miracles et la saincteté du lieu et que tous ceux qui y seront dévots à ce sainct nom participeront à toute sorte de bonheurs et faveurs ; laquelle desposition est plus amplement descripte par le verbal tenu de tous les miracles, révélations et lumières extraordinaires qui paraissent et sont arrivés à cette montagne, et dévotion puis la veille de la pentecoste dernière et d'autant que tout regarde la gloire de Dieu, augmente de la dévotion du dict sainct, aux suffrages desquels non seulement les circonvoisins mais les personnes estrangères, esloignées accourent pour l'augmenter, d'autant plus le dict sieur consul et les autres députez avec lui trouveront bon et expédiant de faire un édifice honorable aux dictes chapelles, puisque celui commencé se trouve inutile, et pour ne négliger aucunement la révélation du dict Christineau de faire la fondation, au corps de la communauté, de la dicte messe du nom de Jésus à perpétuité, à chaque jour de vendredy, impose un fond en capital de six cents livres et pour à ce parvenir, imposer une livre pour livre pour estre convertie à ce subiect, s'y tant est que les charités et ausmones après la construction et ornement des dictes chapelles faictes, puissent suffire et que à chasque jour et feste de la Saint-Jean, vingt-quatrième jour de juin, et encore à celle de Saint-Probace, lorsqu'elle sera authorisée par messieurs les prélats et placée à un jour certain, attendu qu'il n'est mentionné dans la *vita sanctorum*, moins au martyrologe, il sera fait une procession générale et ce vendredi prochain en action de grâce, auquelle les sieurs consuls assisteront et feront offres de deux flambeaux blancs pour le corps de la communauté et public demeurant toujours icelle inst. patron pour la fondation de la dicte messe et recteur des dictes chapelles. nonobstant qu'elles seront fondées en prieuré rural et dont sur le tout a requis y estre délibéré.

L'assemblée à plein informé de la vérité de la susdicte proposition et de la dévotion qu'elle voit accroistre par la grâce de Dieu aux dictes chapelles d'une unanime voix et sans contredit, a délibéré qu'elles seront basties et édifiées le plus honorablement que faire se pourra, confirmant les pouvoirs donnés aux sieurs consuls et ses collègues depputés pour ce faire et tout ainsi que sera par un advisé, y employer les charités et ausmones qu'ils acquerront, lesquelles n'estant bastantes prendront des moyens de la dicte communauté, soit dans la bourse commune ou par emprunt et pour ne négliger aucunement la susdicte révélation, puisqu'elle regarde la gloire de Dieu et augmente de la dévotion, délibère de la fondation de la dicte messe du nom de Jésus des apr^{te} estre faicte pour y estre célébrée à chaque jour vendredy à perpétuité, moyennant la pension de trente-sept livres dix sols du capital de la somme de six cents livres qui seront mises en fond, des moyens que seront receus de la charité des dictes chapelles, après toutefois qu'elles seront remises et ornées en l'estat que faut et non autrement, et en cas de manque des dictes charités, ne feussent capables ou bastante, ou se n'y en eust aucune pour subvenir au capital dict six cents livres, la dicte communauté, dès maintenant comme pour lors, a imposé une taille d'une livre pour livre cadastralle laquelle sera exhigée à gratis par le thrésorier d'icelle et par elle retirée pour servir de fonds à perpétuité et en payer la dicte pension de trente sept livres dix sols aux sieurs prestres serviront la dicte messe, veu que la dicte communauté en sera toujours inst. patron et poursuivront les dicts sieurs consuls et depputés par devant mon dict seigneur l'archevêque d'Aix ou sieur son grand vicaire, afin que soit par accédé au lieu des dictes chapelles pour informer sur les miracles, révélations y survenues et de la vénération du corps trouvé en la dicte chapelle Saint-Probace, et afin qu'il puisse estre invoqué, nonobstant qu'il soit au *Vita Sanctorum* et martyrologe, néanmoins que à chasque jour et feste Saint-Jean et jour du dict Saint-Probace sera faite procession généralle à perpétuité, à laquelle les sieurs consuls et magistrats assisteront et à celle vendredi prochain quatorzième de ce mois, baillé par eux en offrande et pour tout le corps, deux flambeaux cire blanche pesant trois livres la pièce...

Note E

CONSEIL GÉNÉRAL

Délibération du 9 décembre 1659

Du neufvième jour du mois de décembre mil six cent cinquante neuf, le conseil général de la communauté du présent lieu de Tourvez s'est assemblé dans la maison commune du dict lieu Saint-Sprit au nombre de trente-cinq hommes présents, le sieur Mathelin-Rouchon Viguier.

Dans laquelle assemblée entre autres choses a esté proposé par le sieur consul Jaubert que M° Charles Broquier, licentié en droith, habite en la ville de Saint-Maximin lui a faict savoir, fait quelques jours que par la santance rendue le vingt-un août mil six cent quarante huit par monsieur le grand vicaire et official général de monseigneur l'éminentissime et reverendissime cardinal archevêque d'Aix, sur la commémoration de la feste Saint-Probace au présent lieu de Tourves, à perpétuité à chasqu'un jour dixième de septembre, et permission de dire et célébrer la sainte messe dans la chapelle fondé à prieuré rural construite des longues années, en la montagne appelée la coste du gau, laquelle par succession de temps estait venue en ruine, réparée et remise à présent en estat aux dépens tant de la dicte communauté que des charités et ausmones du peuple et estrangers amenés par dévotion au dict sainct lequel Dieu veut soit en vénération pour estre son corps à ce qu'on estime en la dicte chapelle, ordonné que la commémoration de la dicte feste serait autorisée, ensemble la célébration de la sainte messe et office par nostre Saint-Père le pape du Saint-Siège apostolique dans une année fort prochaine, à quoi n'a esté satisfait par la notoire absance du prieure qui possède le dict prieuré, négligence d'icelluy et des recteurs estens depuis la dicte sentance en la dicte chapelle, soit pour ignorer les fruilts d'icelle que par le malheur et mouvement des gens de guerre qui ont esté résidé en ceste province, tellement que pour ne retarder cette bonne œuvre et augmenter d'autant plus la dévotion qu'y se rencontre en la dicte chapelle, et en laquelle messire Pierre Durand, prestre du lieu d'Ollioules, a résidé pour le service d'icelle a plus de deux années et célébré la sainte messe, icelluy pour le zèle et dévotion particulière qu'il a au dict Saint-Probace et affection extraordinaire que sa feste soit commémorée, Dieu honoré et servy et pour l'avantage du peuple et du dict lieu, a pris la résolution de faire le voyage à Rome, afin d'obtenir l'authorisation de la dicte sentance, rendue par le dict sieur grand vicaire et official général ensemble des indulgences perpétuelles pour le dict jour et feste de la Sainctoté, estant muni de pouvoir exprez ensemble des pièces et papiers à lui nécessaires pour l'obtion de ce, sans qu'il se veuille prévaloir d'aucune chose pour son dict voyage, son offre sy profitable et avantageuse ne lui pouvait être refusée et advouons ingénuement le particulier général et corps de la Communauté lui estre obligez, requérant le dict sieur consul estre acceptée et y délibérer.

L'assemblée d'une unanime voix, pour ne retarder d'avantage l'exécution de la dicte santance du sieur grand vicaire et official général, a délibéré que l'offre du dict sieur Durand sera acceptée, comis et depputé les recteurs vieux et nouveaux de la dicte chapelle Sainct-Probace, afin de le munir de procuration pour en demander à sa Sainteté l'authorisation d'icelles de la commémoration de la feste à chacun dict jour dixième septembre de chasque année à perpétuité

— 15 —

avec la célébration de la saincte messe et office à l'honneur et gloire du dict saint et indulgences pour augmenter la dévotion et la décoration de la dicte chapelle, et lui sera expédié tous les papiers à ce nécessaires desquels, toutefois, quoiqu'enregistré rierre par devant les greffes de l'archevêché en sera retenu copie, en outre sera expédié au dict sieur Durand argent pour l'obtion de la dicte authorisation et indulgence soit de la charité qui se trouvera dans le tronc de la dicte chapelle et au pouvoir des dicts recteurs et, à manque de la bourse commune, le thrésaurier de la communauté lequel dès à présent en demeure déchargé et leur sera admis sur le rapport que par eux sera fait au conseil, avec ample pouvoir d'agir en cette affaire et bonne œuvre, tout ainsi que le cas requerra et sera trouvé utile demeurant encor dès à présent rellevez en forme.

Note F

CONSEIL GÉNÉRAL

Délibération du 17 mai 1660

Du dix-septième du mois de may mil six cent soixante, le conseil moderne de la communauté de ce lieu de Tourvez et quelques chefs de maison se sont assemblez dans la maison commune du dict lieu Saint-Sprit en présence du sieur Bouchou Viguier.

A laquelle assemblée le sieur consul Revest a

remontré, comme chascun sçait, la peine que messire Durand prestre a prie pour obtenir de sa Sainteté des indulgences perpétuelles et permission d'établir une confrairie à l'honneur de Sainct-Probace et comme lui est porté d'un grand zèle à l'augment de cette dévotion et mesme qu'il a priers la peine de faire deux ou trois voyages en la ville d'Aix pour faire annexer icelle en la cour et en avoir la permission de Monseigneur le cardinal archevesque d'Aix, ce qu'il aurait obtenu, et non content de ce encore aurait fait faire grande quantité de coppies imprimées des dictes indulgences et prend la peine de les porter par toute la province, afin que chascun sçache ce qui est porté par icelle et comme sa Sainteté a transféré la feste du dict Sainct-Probace du jour dixième septembre et la remise au vingt-cinq aoust, attendu qu'il s'est trouvé que feust le jour de sa mort.

Tellement que puisque nous voyons la dévotion que le dict messire Durand a pour le dict sainct et qu'il est porté de grande dévotion, il désirerait de demeurer en la dicte église et d'en faire le service, ce qui rendra la dévotion plus fréquente pour y avoir d'ordinaire un prestre afin que les estrangers y venant recevront satisfaction, non pas à ce présent que y viennent, ils s'en retournent sans entendre messe n'y moins pouvoir entrer dans l'église pour estre fermée, ce que revient au très grand préjudice et intérêt de la dicte dévotion et mesme la totale d'icelle, par ainsy sy le conseil trouve bon, le dict messire Durand sera prié d'y demeurer et de servir ycelle requérant le conseil y délibérer.

Ce qu'entendu par le dict conseil et sçachant toute la peine et le soing que le dict messire Durand a priers tant à Rome que en ceste province pour la dévotion du dict Sainct-Probace et augment de la dict chapelle, a délibéré que s'il désire de servir icelle que dès à présent il y sera receu et sera muni des clefs de la dicte église et ornement d'icelle, et le sieur consul Revest et M. Mercadier, premier conseiller, accompagnés des marguillers, traicteront avec ycelluy de ce qu'il y faudra bailler pour son entretien, luy donnant pouvoir de lui en concéder promesse et approuvant tout ce que par eux sera faict.

Note G

ALEXANDER PP. VII

Ad perpetuam rei memoriam. Cum sicut accepimus in Ecclesia sancti Probatii loci de Turribus Aquen. dioec. una pia et devota utriusque sexus Christifidelium confraternitas sub titulo sancti Probatii (non tamen pro hominibus unius specialis artis) canonice erecta seu erigenda existat, cuius Confratres et Consorores quamplurima pietatis et charitatis opera exercere consueverunt, seu intendant; Nos ut Confraternitas hujusmodi maiora in dies suscipiat incrementa, de Omnipotentis Dei misericordia, ac BB. Petri et Pauli Apostolorum eius auctoritate confisi, omnibus utriusque sexus Christifidelibus, qui dictam Confraternitatem in posterum ingredientur, die primo eorum ingressus, si vere pœnitentes et confessi ssmum Eucharistiæ sacramentum sumpserint, Plenariam ac tam descriptis, quam pro tempore describendis in dicta Confraternitate Confratribus et Consororibus in cuius libet eorum mortis articulo, si vere quoque poenitentes et confessi ac sacra Communione refecti, vel quatenus id facere nequiverint, saltem contriti nomen Jesu ore si potuerint, sin minus corde devote invocaverint etiam plenariam; nec non eisdem nunc et pro tempore existentibus dictae Confritatis Confratribus et Consororibus etiam vere pœnitentibus et confessis ac S. Communione refectis, qui p.tae Confritatis Ecclesiam seu Cappellam vel Oratorium die festo principali dictæ Confritatis per eosdem Confratres semel tantum eligendo et ab Ordinario approbando, praeterea die XXV mensis Augusti nec non diebus festis Annunciationis B. M. V. Imm. Nativitatis S. Joannis Bap.te S. Mariæ Magdalenæ et S. Petri ad vincula a primis vesperis usque ad occasum solis dierum huiusmodi singulis annis devote visitaverint, et ibi pro Christianorum Principum concordia, hæresum extirpatione ac S. Matris eccl.iæ exaltatione pias ad Deum preces effuderint, Plenariam similiter omnium peccatorum suorum Indulgentiam et remissionem misericorditer in Domino concedimus. Insuper dictis Confratribus et Consororibus vere pariter pœnitentibus et confessis ac sacra Communione refectis, Ecclesiam seu Cappellam vel Oratorium huiusmodi in quatuor aliis anni feriatis vel non feriatis seu Dominicis diebus per memoratos Confratres semel tantum etiam eligendis et ab eodem Ordinario approbandis, ut supra visitantibus et ibidem orantibus quo die praedictorum id egerint, septem annos et totidem, quadragenas; quoties vero Missis et aliis divinis Officiis in Ecclesia seu Cappella vel Oratorio huiusmodi pro tempore celebrandis et recitandis, seu Congregationibus publicis vel privatis eiusdem Confraternitatis ubivis faciendis interfuerint, aut pauperes hospicio susceperint, vel pacem inter inimicos composuerint seu componi fecerint vel procuraverint; nec non etiam qui corpora defunctorum tam Confratrum et Consororum huiusmodi, quam aliorum ad sepulturam associaverint, vel quascumque Processiones de licentia Ordinarii faciendas ss.mumque Eucharistiæ sacramentum tam in Processionibus, quam cum ad infirmos aut alias quocumque et quandocumque pro tempore deferetur, comitati fuerint, vel si impediti campanæ ad id signo dato semel Orationem Dominicam et salutationem Angelicam dixerint, aut etiam quinquies orationem et salutationem easdem pro animabus defunctorum Confratrum et Consororum huiusmodi recitaverint, aut devium aliquem ad viam salutis reduxerint, et ignorantis præcepta Dei et ea quæ ad salutem sunt necessaria docuerint aut quodcumque aliud pietatis vel charitatis opus exercuerint, toties pro quolibet prædictorum operum exercitio sexaginta dies de iniunctis eis seu alias quomodolibet debitis pœnitentiis in forma Ecclesiæ consueta relaxamus. Quas omnes et singulas Indulgentias peccatorum remissiones, ac pœnitentiarum relaxationes etiam animabus Christifidelium quæ Deo in charitate conjunctae ab hac luce migraverint, per modum suffragii applicari posse, etiam in Domino indulgemus. Præsentibus perpetuis futuris temporibus valituris. Volumus autem, ut si alias dictis Confr^{ibus} et Consororibus præmissa peragenda aliqua alia indulgentia similis perpetuo vel ad tempus nondum elapsum duratura concessa fuerit, illa revocata sit, prout per præsentes Ap^{lica} auctoritate revocamus, utque si dicta Confr^{itas} alicui Archiconfraternitati aggregata iam sit, vel in posterum aggregetur, aut quavis alia ratione uniatur, vel etiam quomodolibet instituatur, priores et quævis aliæ Litteræ Ap^{licæ} illi nullatenus suffragentur, sed ex tunc eo ipso nullae sint. Datum Romæ apud S. Petrum sub Annulo Piscatoris, die XVIII Martii MDCLX. Pont. N^{ri} Anno V°.

S. UGOLINUS.

Concordat cum Originali, quod asservatur in Tabulario Secretariae Brevium Pro Dno Card. Asquinio.

D. Jacobini Sub^{tus}

Note H (1)

REDDITION DE COMPTES

Jesus! Maria!
Saint Jean et Saint Probaty.

Compte de Pierre Mouttet & Anthoine Bouys

Du vingt octobre mil six cent soixante nous, Pierre Mouttet et Anthoine Bouys, marguillers vieuls des chapelles Saint-Jean et Saint-Probaty du présent lieu de Tourves, c'est le compte que baillent de la gération de nostre année et chargement des ornements des dictes chapelles par entrée et issues et par devant messire Henri Aubert, prestre doctrineur en sainte théollogie et vicaire de l'église parrochialle du dict Tourves et de Pierre Revest, bourgeois segond consul à Anthoine Charles et Pierre Mauras, bourgeois du dict lieu marguillers nouveaux des dictes chapelles de la présente année mil six cent soixante.

CHARGEMENT

Premièrement se chargent de quatre laudiers destains, quatre laudiers bois argentés.
Deux anges portant chascun son salut trente

---

(1) Ce règlement de compte et les suivants sont pris d'un ancien registre assez volumineux, conservé dans l'église de Tourves.

nappes et une lingière pour servir à faire la sainte communion.

Dix huit voylles, trois peignoirs, deux aubes, deux amis, trois courdons un desquels est de soy rouge, quatre petits tappis, deux devants d'autel à la moysayque, un devant d'autel de cadis rouge, un autre de damia vert, une écharpe verde, six eyguyères avec chascune ses bouquets argentés, quatre chazubles, une verte, une blanque, une bleure et une vijollete garnies de ses estolles et manipules.

Deux missels, un syboire avec son soleil, un calisse, une bourse avec trois corporauls et un avec son armette.

Deux bassins, un d'estain et l'autre de louthon.

Un per de burettes avec son petit bassin d'estain provenant de deux petits laudiers d'étain rompu que messire Pierre Durand prestre aurait faict faire le mois d'avril dernier.

. . . .

Plus se chargent de vingt six bestes lanados (à laine) que Barth. Guizol a en garde sans acte ni promesse ne sachant point s'y est a mégerie ou à rente.

Et finalement se chargent de la somme de septante deux livres dix neufs souls huit deniers que s'est trouvé dans le tronc durant son année saulf d'an donner le paiement à l'issue de son compte y compris douze livres dix huict souls neufs deniers que tant a vendu le prix du blé.

AUTRE REDDITION DE COMPTES

Jésus, Maria, seinct Jehan et seinct Probace ! Conte de Anthoine Charles et Pierre Mauron, recteurs.

Du 4 septembre 1662, nous, Anthoine Charles et Pierre Mauron, devons conte de l'administration de la susdicte chapelle de tous les ornements que sommes esté chargés et ausmones et revenus de la dite chapelle durant une année par devant Monsieur Henri Aubert, prestre, docteur en la sainte théologie et viqère de Tourves et le sieur Honoré Barthélemi et Estienne Lambert, recteurs nouveaux.

CHARGEMENT

Premièrement se déchargent de quatre laudiers destein, quatre laudiers de bouis argenté, deux anges portant son soleil, vinct sin napes et un lingier pour la sainte communion, nuf grandes napes, dix nuf voylles, trois pignoirs, dus aubes, trois amis, trois cordons un desquel est de sois rouge, quatre petits tapis, dus devant d'autel damas vert, une écharpe verte, sin engière avecq ses bouquets argentés, quatre chazubles, une verte, une blanche, une bleure et une violette, dus misels, un siboire avecq son soleil et son croisan, un calisse avecq son étuis.

. . . . , ...

Aussi nous le chargeons de tous les papiers que avait porté monsieur Durand à Roume et de la bulle qui a aporté de Rome des indulgansses de Saint Probasse et de la bulle du nom de Jesus le tout est dans une bouite de lame que avons faict fère.

Soixante et huit imprimés des indulgansses de seint Probasse et vingt et sinq imprimés de selles du nom de Jesus.

De plus nous chargons du livres des confrères et confresses, se chargent de la somme de sinquante et huit livres dix souls qui douit Jehan Ordan du reste de rente de la meyson apartenant à Saint Probasse leqel le dict Ordan a fait colocuer sa fame saulf de se descharger à l'issue du présent conte des derniers contes et non resus.

Se chargent de la somme de vinc et quatre livres qui douit Jausep Baus pour un asne que l'avons vandu que avons heu de Jehan Hordan à bon conte des huictante et dus livres dix souls que devait le dit Hordan et le terme peyement de l'asne a tombé à la Madeleine dernier passée et l'autre peye tombe à la Madeleine prochaine ate (acte) pris sur monsieur Honoré Barthélemy, notère.

Chargement de tous les revenus et ausmones faite à Saint Probace et de tout ce qui a esté donné au sieur Durand quant a voulu partir pour Rome et de tout se qu'il a resu à son arrivée saulf à nous descharger à l'isue du conte pour n'avoir feict conte le sieur Durand que aveccq nous. Premièrement dus bagues d'or que lui sont esté baillée quant à party de ceste ville pour Rome par mestre Pierre Mouttet, et Antoine Bouis estimées à quatre livres.

Plus lui a esté doné au mesme tant pour aller à Rome sept livres dix souls.

Plus a reçu par délibérasion du conseil à son arrivée de Rome que monsieur le consul lui ont fait baillé quatorze livres dix souls.

Plus le sieur Durand a resçu de metre Rigord sinq livres dix souls.

Plus a resçu de metre Moutet et M. Bouis nos devansiors dix livres.

. . . .

De plus se chargons d'une bague en or et de qinze petites bagues d'argent que nous avons resçus de la veuve à feu Jan Batiste Barbaroux que avons vandues les dittes bagues pour survenir à peyer M. Durand et en avons eu au tout sin livres quatre sous et avons aussi resçu de la ditte veuve un scapoulerre et dus sapules (chapelets) de vero et un henil d'argent.

De plus la communauté avait feict un mandat au sieur Durand pour le servisse du nom de Jesus de trant et sept livres dix souls.

De plus la communauté avait feict autre mandat au dict sieur Durand de la somme de quinze livres. Le sieur Durand nous a donné conte de tous les confrères qui se sont feict escrire dans le livre qui se trouve qui ont baillé au tout trant et sept livres.

. . . .

Et finalement l'antrée de ce conte se monte au tout sans comprandre les dettes qui sont dus à seinct Probasse la somme de dus cent sois sante et huict livres honze souls (68 fr. 11).

ISSUS ET DÉCHARGEMENT

Premièrement pour sainct sinquante tuilles et fère rensé (ranger) la taulisse de seinct Probasse et pour fère couvrir la siterne et pour fère une chiminège à l'armitage et meins de metre (plâtre et main d'œuvre) avons dépanssé douze livres dix souls en tout.

Se déchargent plus pour le servisse de qinze mois qu'a servi Monsieur Durand la ditte chapelle à rezon de sanct trente et sinq livres la née (135 fr. l'année) qui se monte la somme de sanct et soissante et huict livres qinze souls n'ayant le dit sieur Durand feict compte que avecq nous.

Plus se déchargent pour avoir achepté la fortune de trois plas, trois asiettes de d'étein fin et dus plas pour faire courir et sauter et rubans, agulettes et éplingues qui conte le tout la somme de qinze livres.

Plus se deschargent pour avoir forni d'uille pour les lampes et une livre siere blanche pour metre au saint sacrement le jour de seinct Probasse conte dix livres trois souls.

Plus se deschargent pour la chasse que tient les seincte reliques peyé à metre à leissandre vingt souls.

Plus se deschargent qui ont peyé à sieur Durand la indulgansse perpétuelle de seint Probasse qinze livres.

Plus se deschargent qui ont peyé au sieur Durand la indulgansse de sept anée du nom de Jesus et pour la litanies se monte dus livres.

Plus se deschargent qui ont peyé au sieur Durand sinq livres dix souls pour avoir ses espédisions dans Rome.

Plus se deschargent que ont payé au sieur Durand nuf lievres et dix souls pour trois scens (cent) imprimés des indulgansses et avons doné dix souls au bénéfice de Monsieur le grand viqère d'Aix.

Plus avons peyé au sieur Durand pour avoir demeuré à Aix vinct et trois jours pour feire amettre les indulgansses la somme de vinct et quatre lievres.

Plus avons peyé au sieur Durand pour le livre des confrères que a porté d'Aix vinct souls.

Plus se deschargent qui ont peyé au sieur Durand pour une livre quatre souls que le dit sieur Durand a forni pour paré l'église le jour de seinct Probasse.

Plus avoir peyé au sieur Durand pour fornitures que a feict à la ditte chapelle durant l'anée pour un conte que nous a doné dus livres nuf souls.

Plus se deschargent pour avoir envoyé qérir des muziciens de Barjol et les retourner au dit Barjol et la dépanse et noriture de tous les muziciens qui se dépanse au tout la somme de huict livres dix souls.

Se deschargemant du présent conte se monte la somme de dus sans soissante et huit lievres honze souls come apert par les parties s'y devant.

De plus nous se deschargons d'un scapolère minime et dus chapelets vere et hun hueil d'argent que avons heu des meins de la veve, à feu Jan Batiste Barbaroux qui apartenait à seinct Probasse le tout l'avons réunis entre les meins du sieur Honoré Bartelemy et Estienne Lambert, reteurs. Aubert, vicaire, H. Bartelemy, A. Charles.

L. LAMBERT, P. MAURON.

Note J

NOTICE SUR L'ABBÉ CASTELLAN

Chanoine honoraire d'Aix et de Fréjus, et professeur doyen de la Faculté de Théologie d'Aix.

L'abbé Castellan, né à Tourves, le 27 décembre 1759, fait prêtre le 27 mars 1784, fut nommé vicaire de la Magdeleine à Aix, le 9 septembre même année. Obligé de se cacher pendant la révolution, il se réfugia auprès du comte Portalis son ami, puis s'expatria à Rome vers la fin de 1791. Le cardinal Antonelli et le Pape Pie VI l'eurent en grande estime, à cause de sa vertu et de son savoir. De retour en France, en 1797, il fut d'abord chargé de desservir la paroisse Saint-Jean à Aix; puis promu à la cure de Lambesc, le 6 mai 1802. C'est alors que voulant mettre à profit ses laborieuses recherches, il commença à écrire les premiers volumes de son histoire des Églises de Provence. Le 30 juin 1808, son érudition le fit nommer membre correspondant de l'Académie d'Aix. Le 24 novembre 1809, il est professeur à la chaire d'histoire et de discipline ecclésiastique. Rentré dans la vie privée, il consacra ses loisirs à continuer l'œuvre commencée. Il ne mit pas moins de 15 ans à la terminer. Divisée en 60 livres, son histoire des Églises de Provence peut former de huit à dix volumes in-8°. Elle remonte aux premiers jours de l'Eglise et finit vers le milieu du XVIIIe siècle. « Elle est précédée d'une notice
« importante, chargée de nous faire connaître l'an-
« cienne chorographie du pays, les noms et la posi-
« tion de ses peuplades primitives, son état sous les

« Romains, les villes gauloises existant en Provence
« avant l'arrivée des Phocéens, celles bâties par les
« fondateurs de Marseille, les colonies des Romains
« dans la contrée et les villes qui s'y sont formées
dans le moyen âge.

« Deux dissertations, l'une sur la religion des an-
« ciens Provençaux, l'autre sur l'établissement de la
« religion chrétienne en Provence, dans le cours du
« premier siècle, complètent l'utile introduction,
« placée en tête de cette histoire.

« L'ouvrage entier est enrichi de notes curieuses et
« de savantes observations qui en relèvent encore le
« mérite. Mais, ce qui surtout le recommande aux
« hommes instruits, c'est l'étendue d'érudition, la
« sagesse de critique et l'esprit de sagacité que l'au-
« teur apporte dans l'étude des faits historiques (1) »

En 1820, M. Castellan fut nommé par l'archevêque
d'Aix, membre de la commission qui devait reconnaître juridiquement la mâchoire et une partie du chef
de Saint-Maximin, données autrefois à l'église de
Saint-Sauveur par Charles de Salerne.

Membre de l'Académie d'Aix, président de l'Institut religieux, autre société savante de cette ville,
formée sous ses auspices, il fut en 1830, sur la
proposition du baron de Ladoucette, admis au nombre des correspondants de la société royale des anti-
quaires de France. Plus tard on lui fit la proposition
qu'il refusa, d'accepter une place de membre honoraire de la société philotechnique et de la société
française de statistique générale. Lorsque la faculté
de théologie fut reconstituée, il en fut nommé doyen
à la demande de l'archevêque. L'abbé Castellan mourut de la mort des Justes, le 21 août 1337, jour même
de la fête de Saint Probace.

---

(1) Extrait d'une Notice biographique sur M. l'abbé Castellan.

— 28 —

Note J

Lettre du chanoine Castellan à M. Mercurin, curé de Tourves.

A Aix, 13 octobre 1828.

Je profite, mon cher curé, du premier moment libre pour m'acquitter de ma promesse : Voici donc la copie fidèle de la réponse de M. Joseph-Marie Suarez, l'un des plus savants prélats du XVIIe siècle, aux consuls de Tourves.

(Suivent la lettre et le mémoire de Raban-Maur cités intégralement au chap. VI, pages 78-79.)

Pour m'assurer de l'existence du manuscrit mentionné, j'écrivis en 1819 à M. Reynaud, votre condisciple, alors à Rome, auprès du comte Portalis. Il fut le chercher dans la bibliothèque Barberini ; il le trouva sous le numéro 137 et m'en envoya une copie en tout conforme, mot à mot, à celle qu'en avait donnée l'illustre évêque de Vaison aux consuls de Tourves.

M. Reynaud remarque que l'écrit est en caractères à demi gothiques et a beaucoup d'abréviations.

Vous aurez remarqué que la fête du saint, fixée au 25 août, coïncide précisément avec le VIII des calendes de septembre, jour de sa mort, comme le porte le document.

Vous verrez dans le cartable que je vous montrai étant à Tourves, page 16, que j'ai laissé dans mon cabinet et qui sera déposé chez vous, qu'il est parlé d'une ordonnance de M. Brand, vicaire général d'Aix, permettant de l'invoquer.

N'oubliez pas les indulgences accordées par le pape à la pieuse association érigée en son nom, le cartable cité vous instruira de sa date.

Je me rappelle fort bien avoir appris dans ma jeunesse de M. Aubert, curé de Tourves, homme très-instruit, que les reliques de Saint Probace sont déposées dans une caisse de bois blanc. Ce que nous dit dernièrement Charles le maçon, viendrait à l'appui.

Ce même M. Aubert ajoutait qu'elles furent transférées de l'antique église de Saint-Etienne dont on voit les ruines au dessous du château, dans la paroissiale, à l'époque où les moines bénédictins qui y avaient un monastère, l'abandonnèrent et d'où on les transporta dans le tombeau actuel. Il citait pour preuve de leur existence, l'acte de consécration de la même église de Saint-Étienne par Pons, archevêque d'Aix, le XVII des calendes de décembre mentionnée dans la *Gallia christiana* tom. 1, page 307. Malheureusement cette charte qu'il disait avoir par *duplicata* dans les archives de la cure, a disparu. L'original doit se trouver dans celles de Saint-Victor les Marseille de qui le pieux claustral dépendait.

Je ne vous laisse pas ignorer qu'il existait un bénéfice à Tourves, sous le titre de Saint Jean et de Saint Probace dont feu l'abbé Florent fut le dernier possesseur ; il percevait la dime des environs de la Montagne où la chapelle du Saint est bâtie.

Ne passez pas sous silence le culte immémorial rendu à Saint Probace par les habitants de Tourves qui le regardent comme leur apôtre ; la chapelle élevée en son honneur, la procession solennelle, le jour de sa fête, son buste, l'hymne, l'antienne, l'oraison qu'on y chante.

Vous vous apercevrez, par ma manière de terminer

la présente, que je suis pressé de fait, car je crains de n'être pas à temps de la remettre au courrier.

Mes respects à Monseigneur votre évêque et mes amitiés à l'abbé Armieu.

Croyez moi toujours bien sincèrement
Votre très dévoué serviteur,

CASTELLAN, chan.

Note K

NOTICE HISTORIQUE SUR TOURVES

Tourves eut toutes les vicissitudes des autres villes et villages de la Provence, après la chute de l'empire Romain. Plusieurs fois détruite très-vraisemblablement, lors des invasions des Goths, des Visigoths et des Sarrazins, elle était sortie de ses cendres dès le xe siècle. Un acte de l'an 984. ind. 12, fait mention de ce lieu sous le nom de Torrives. (Grand cart. f° XXII.)

C'est probablement à cette époque, que furent aussi fondés les deux villages de Seissons et de Gaillet.

En quittant les hauteurs de l'ancienne Turris, dont les églises primitives étaient les églises de Saint-Jean et de Saint-Probace, les habitants vinrent se grouper aux environs du prieuré de Saint-Estève. L'église de ce prieuré devint leur paroisse. Puis, vers le milieu du XIe siècle, ce fut l'église de Saint-Maurice de laquelle dérivaient les églises de Gaillet, de Seissons et du château de Caude-Longue (Tourves), (Charte 221,

27 mai 1082.) Cette dernière, encore en construction en 1082, et bâtie en l'honneur de Saint-Sauveur, était déjà église paroissiale en 1113. (charte 848, 21 avril.) Elle le fut jusqu'à la fin du xve siècle, époque où l'on bâtit l'église de l'Annonciade, du côté de la plaine.

Tourves, Gaillet et Seissons, composaient la vallée dont Tourves était le chef-lieu. Elle faisait partie du domaine des Rois de Jérusalem et de Sicile, comtes de Provence. Cette vallée était régie par dix conseillers gouverneurs, dont deux étaient choisis dans la classe des nobles, selon l'acte des privilèges accordés à cette vallée, en 1350, par la reine Jeanne, confirmé par le comte Raymond des Baux en 1354. (Archives du Roi, Reg. Pellican, f. 391.)

Nous donnons, ici, un rapide aperçu des événements historiques accomplis à Tourves, depuis le commencement du xie siècle jusqu'à nos jours.

Vers la fin du xe siècle établissement à Tourves de la confrérie des Pénitents blancs, en même temps que de celles de l'Observance d'Aix et de Manosque.

1019, 25 nov. — Consécration solennelle de l'église de Saint-Estève, par Pons, archevêque d'Aix, et construction de l'église Saint-Pierre.

1025, 1034, 1038, 1039, 1057, 1059, 1082, 1093, 1098, 1106, 1110. — Donations diverses faites par des seigneurs ou des habitants de Tourves à l'église de Saint-Victor de Marseille.

1126, 14 mai. — Accord entre les prieurs de Saint-Etienne et de Saint-Pierre de Tourves, à l'occasion des limites et de la manière de dîmer (Not. Raymond George).

1206, 24 nov.— Collation du prieuré de Sainte-Foi-de Gaillet, faite par l'abbé de Saint-Victor. (N^{re} Jehan Gaiche.)

1235. — Raymond Bérenger, comte de Provence, approuve, en faveur du monastère de Saint-Victor, le droit de dominie et de seigneurie que le monastère possédait sur la 3e partie de toute la vallée de Tourves, (de Turriis). Il se réserve cependant l'hommage et le serment de fidélité.

1240. — Vivait à Lérins, Albertus de Torrèves, abbé du monastère.

1592, 31 août. — Différent entre Foulques de Brachio, chanoine de Pignans et prieur de l'église de Seissons, et les habitants de Tourves, au sujet de certains droits seigneuriaux.

1295. — Règlement des droits de la cour royale dans le château de Tourves, de Seissons et de Gaillet.

1298, 28 juin. — Transaction entre les prieurs et les habitants du lieu de Tourves sur la manière de payer les dîmes.

1310, 4 juin. — Robert, roi de Jérusalem et de Sicile, accorde aux habitants de Turribus (de Tourves) le droit de tenir une foire aux jours que son sénéchal leur fixera.

1325, 9 nov. — Procuration donnée à Charles, duc de Calabre, pour prendre possession du château de Tourves.

1327, 3 juin. — Permutation et collation respectives des prieurés de Saint-André d'Agde avec le prieuré de Tourves, faites par l'Abbé, de concert avec son Conseil. (N^{re} Pierre Sicardi, de Marseille.)

1348, 24 sept. — Il est confirmé que le prieuré de Tourves a le juspatronat et présentation du prieuré de Gaillet.

1354. — Amelius Gaisoli, vicaire général et Bernard Garde, procureur du comte Raymond de Baux, seigneur de Tourves, ratifient et confirment les priviléges et les libertés de cette communauté.

1354, 23 mars. — Prestation du serment et serment de fidélité par les hommes de Tourves, Gaillet et Seissons à magnifique et puissant seigneur Raymond de Baux, comte de Sault et seigneur des dits lieux de Tourves, Gaillet et Seissons.

1326, 26 avril. — Echange du lieu d'Entrecasteaux et des lieux de Tourves, Seissons et Gaillet en faveur d'Amiel Guisolis.

1375, 18 oct. — Raymond de Baux étant mort sans enfant, la reine Jeanne fait don des châteaux de Tourves, de Gaillet et de Seissons, à Jacques d'Arcussia, originaire de Naples, comte de Minerbin et grand chambellan de Sicile.

1385. — Les consuls de Tourves se rendent à Marseille, auprès de la Reine et de son fils Louis II, pour les supplier de recevoir le lieu de Tourves à la réunion de leur domaine et de ne jamais plus l'en séparer. Ce que la Reine accorda.

1386. — Jacques d'Arcussia fait hommage de la terre de Tourves, Gaillet et Seissons.

1390. — Francesquin d'Arcussia, seigneur de Tourves, demande au pape Clément VII de faire une levée sur les bénéfices, afin d'équiper des troupes contre Raymond de Turenne qui désolait la Provence.

1399, 12 oct. — Louis II confirme à François d'Arcussia, fils de Jacques, la donation que la reine Jeanne lui avait faite de la terre de Tourves.

1408, 27 janv. — Le prieuré rural de Sainte-Foi de Gaillet est uni à la prépositure collégiale de Barjols.

1425. — Compromis passé entre le prieur de Saint-Etienne et le prieur de Seissons, relativement à la manière de percevoir les pensions et les dîmes.

1450, 12 mars. — Hommage prêté à genoux à Louis d'Arcussia, seigneur de Tourves, par Antoine Raimondi et autres.

1450, 15 mars. — Transaction entre le seigneur et les habitants de Tourves. Pierre Curati N^{re}.

1460, 3 mars. — Acte contenant désemparation faite au prieur de Saint-Étienne de Torrives, de certaines pièces situées au dit lieu. (Jehan Agidi not. de Saint-Maximin.)

1460, 16 oct. — Le roi Réné confirme à Louis d'Arcussia et à ses successeurs de défendre aux habitants de construire des fours et des moulins, et de pêcher.

1565, 20 nov. — Transaction entre Honorat Arcussia, seigneur de Tourves, et la Communauté qui s'oblige à payer au dit seigneur, tous les ans, au

1ᵉʳ juin, 100 flors., à condition qu'elle pourra affranchir ladite pension en lui payant 1080 florins. En retour, le seigneur donna les fours et moulins, se réservant le droit de moudre et de cuire franc.

1469. — Information des biens et droits possédés à Tourves par les Prieurs.

1470. — Fondation de l'église de l'Annonciade, (la paroissiale actuelle) par le prieur de Saint-Étienne.

1471. — Lettres du Sénéchal de Provence, accordées à la communauté de Tourves, par lesquelles il est défendu au seigneur dudit lieu, d'exiger le péage des habitants de Marseille, attendu que cela empêchait le négoce des habitants de Tourves avec ceux de Marseille.

1476, 25 avril. — Inventaire des biens de l'église Saint-Sauveur de Tourves.

1493, 14 janv. — Le premier Juge des appels de Provence défend au seigneur de Tourves d'établir pour son juge un habitant ou un originaire de Tourves.

1518. — Après avoir été possédée par les Arcussia pendant 143 ans, la seigneurie de Tourves passe aux Vintimille par le mariage d'Anne d'Arcussia, unique héritière de sa branche, avec Gaspard de Vintimille.

1522, 16 sept. — Création et établissement à Tourves, d'une foire de 4 jours, pour Saint-Maurice, par permission de Gaspard de Vintimille et d'Anne d'Arcussia sa femme.

1524, juil. — L'armée du Connétable de Bourbon traverse Tourves, se dirigeant sur Aix. A son retour du siège infructueux de Marseille, les habitants de Tourves joints à ceux de Saint-Maximin, de Brignoles et de Pignans, aidèrent les Albanois, avant-coureurs de l'armée royale, à se saisir d'une partie du bagage et de cinq pièces d'artillerie.

1536. — Réunion à Tourves de divers seigneurs qui s'engagent à marcher contre l'armée de Charles-Quint. Surpris par des forces considérables, ils tombent dans une embuscade que lui avait tendue

Fernand, sur la route de Brignoles à Tourves ; ils furent tous tués ou faits prisonniers, après des prodiges de valeur. Tourves fut livrée au pillage.

A cette même époque, Charles-Quint érigea Tourves en marquisat.

1538. — Il y avait à cette époque de nombreux huguenots à Tourves, Gonfaron, Taverne.

1540. — Exécution de plusieurs individus sur la place publique de Tourves, ordonnée par le parlement d'Aix.

1540. — La terre de Tourves est donnée en dot à Magdelon de Vintimille, épouse de Jean-Baptiste de Valbelle, chevalier, seigneur de Saint-Symphorien, etc.

1562. — Massacre des Huguenots à Tourves, par les troupes de Flassans.

1578. — Vins et Baudumont surprennent la ville de Saint-Remy et les lieux du Val, de Tourves et autres qui refusaient de payer les contributions ordonnées par le comte de Carcès.

1789. — Le duc de la Valette s'empare de Tourves, Brignoles, etc.

1596. — Hommage de Gaspard de Vintimille pour les terres d'Ollioules, Cabries, Tourves, Saint-Julien.

1600, 21 août. — Transaction entre Ordan, prieur de Saint-Justinien de Tourves et les consuls, sur la maison claustrale.

1616. — Agrandissement de l'église actuelle de Tourves (l'Annonciade).

1639, 23 avril. — Les religieux observantins s'établissent dans l'église de Notre-Dame-de-Consolation, à Tourves.

1643, 28 juin. — Réunion du Conseil général de Tourves pour *remettre en estat* les chapelles Saint-Jean et Saint-Probace.

1643, 5 août. — Même réunion pour le même motif.

1644, 6 août. — Lettre de Suarez, évêque de

Vaison, aux consuls de Tourves. Le prélat leur envoie le mémoire de Raban-Maur sur Saint Probace.

1648, 21 août. — L'archevêque d'Aix permet la procession et la fête Saint-Probace à *chasque jour dixième septembre, auquel jour toutes œuvres sont prohibées aux habitants.*

1650. — Jean-Baptiste de Valbelle épouse Anne-Marguerite de Vintimille.

1659, 9 décembre. — Réunion du Conseil général de Tourves qui autorise messire Durand, prêtre d'Ollioules, à faire le voyage de Rome. Le Conseil vote des fonds à cet effet.

1660, 18 mars. — Bref du pape Alexandre VII, approuvant la confrérie en l'honneur de Saint Probace et concédant une indulgence plénière le jour de la fête de ce Saint.

1660, 17 mai. — L'abbé Durand est autorisé par le Conseil général à faire le service de l'église Saint-Probace.

1660, 22 décembre. — L'abbé Durand, en présence des Consuls et des Chefs de maison, constate de nouveau la présence du corps de Saint Probace dans le tombeau. Il place les précieuses reliques dans un *couffret* revêtu de lames de fer.

1668, 31 décembre. — Le clocher de la paroisse est adjugé à Jacques et Jean Ourdan, père et fils, maçons, à Tourves, au prix de 1,900 fr.

1672. — Hommage de Jean-Baptiste de Valbelle, des terres de Valbelle, Bevoux, Saint-Symphorien, Tourves, Seissons et Gaillet.

1678, juin. — Louis XIV par lettres patentes données à Saint-Germain-en-Laye, érige en marquisat la terre et baronnie de Tourves, en faveur de messire Jean-Baptiste de Valbelle.

1689, 28 mai. — Le rétable à colonnes torses du maître-autel de la paroisse est adjugé par la commune à Claude (Vieil), sculpteur de Marseille, au prix de 800 fr. Il ne fut terminé et placé qu'en 1692. On accorda à cet artiste un surplus de 50 fr. ainsi qu'au menuisier.

1697. — Tout le rétable est doré par Bouffier au prix de 1,100 fr. (payés par la paroisse). Le tableau du sanctuaire est peint par Boinville de Marseille, au prix de 300 fr. payés par la Commune.

1751, février. — Lettres patentes de confirmation de deux foires et augmentation d'une troisième, le 19 novembre, fête de Sainte Elisabeth, en faveur des Consuls et de la communauté de Tourves.

1755, 1er nov. — Jour mémorable du tremblement de terre de Lisbonne. Les eaux des lacs de Tourves s'élèvent à une grande hauteur ; et l'une des sources qui se jettent dans le grand lac, ordinairement calme et limpide, devint tout-à-coup agitée et jaunâtre.

1762. — Placement de l'orgue de la paroisse, du prix de 4,300 fr.

1775, février. — Les Pères Observantins de Notre-Dame abandonnent leur monastère qu'ils possédaient depuis 150 ans.

1775. — Le sieur Payon, menuisier du château, fait la chaire de la paroisse au prix de 900 fr.

1779, 18 octobre. — Mort du dernier des Valbelle, le compte Joseph-Alphonse Omer. Son corps fut transporté à la chartreuse de Montrieux.

1793, août. — Malgré la fermeture des églises, procession solennelle en l'honneur de Saint Probace, organisée par les Sans-Culottes.

1802, 7 nov. — Les membres de la confrérie des Pénitents Blancs, fondée à Tourves vers la fin du xe siècle, se réunissent dans la chapelle de Saint-Pierre pour se reconstituer en société.

1832. — Réparation de la chapelle de Saint Probace.

1869, 12 nov. — Invention des reliques de Saint Probace.

1869, 20 nov. — Ordonnance de Monseigneur

Joseph-Antoine-Henri Jordany, évêque de Fréjus et Toulon, autorisant l'exposition publique des reliques de Saint Probace.

Note L

SEISSONS ET GAILLET

Il existait deux villages dans le terroir de Tourves : Gaillet et Seissons, que l'on voit marqués dans les anciennes cartes. Ils ne sont plus aujourd'hui qu'un amas de ruines. Leur origine paraît remonter au xe ou au xie siècle, à l'époque de l'expulsion des Sarrazins de la Provence.

Sainte Foi était la patronne du premier, et saint Blaise du second. Quoique les communautés et paroisses de ces villages fussent réunies à Tourves, les prieurés en étaient séparés. Celui de Gaillet était uni à la collégiale de Barjols, et celui de Seissons, autrefois possédé par les Jésuites d'Aix, fut donné par Louis XV au collège Bourbon de la même ville.

Seissons et Gaillet n'ont jamais fait avec Tourves qu'une seule et même communauté, un seul et même cadastre. On en voit la preuve dans une enquête rapportée en 1287 (1) et dans l'affouagement de 1471 et le cadastre de la communauté, en 1550.

(1) Tour du Trésor, 8e carré, liasse 27, cotte G.

Note M

PROSE DE SAINT PROBACE

Par messire Durand, prêtre

In hâc die glorosiá,
Cuncti, voce generosâ,
Cantemus Probatium.

Quem Christus discipulorum
Vocans ad turbam suorum,
Vult habere socium.

Qui, post mortem salvatoris,
Prœsul fit in illis oris,
Et regit Ecclesiam.

Sed, urgentibus Judæis,
Ut aufugeret ab eis,
Venit in Itatiam.

Hanc, per immensos sudores,
Per innumeros labores,
Christo duce, navigat.

Et Massiliam appellens,
Fidemque vanam refellens,
Veræ multos alligat.

Verum, Deo præmonente,
Et ad cor illi loquente,
Quærit solitudinem.

Ad hunc ergo celsum montem,
Vitam ducturus insontem,
Stat citra formidinem.

Quid non egit vir beatus,
Et totus Deo dicatus,
In hâc solitudine?

Dicant rupes, dicant montes,
Quantâ domuit insontes
Artus fortitudine!

Felices qui meruere,
Turvienses, hanc videre
Ejus pœnitentiam!

His, vir sancte, Turvis tuis,
Qui te colunt votis suis,
Impetrato gratiam. Amen.

ANTIENNE

Summo quidem honore donatus est sanctus Probatius qui Christi Discipulorum cœtui annumeratus est et ultimæ ejus cœnæ interfuisse creditur.

℣. Ora pro nobis, sancte Probati.
℟. Ut Christi electione digni efficiamur.

OREMUS

Domine Jesus Christe qui septuagenario discipulorum tuorum numero, sanctum Probatium ascribi voluisti, eumque Confessorum atque Pontificum gloriâ sublimasti; tribue nobis, quæsumus, ut cujus sacrum corpus, in hoc monte veneraturi, accedimus, ejus, apud te, in omnibus patrocinia sentiamus. Qui vivis et regnas, etc.

POUR LES SAINTES RELIQUES

ANTIENNE

Isti sunt qui pro Christo mortui, in Christo vivunt quamque in terris contempserunt vitam, in cœlestis æternam adepti sunt.

℣. Exultent Justi in conspectu ejus.
℟. Et delectentur in lætitia.

OREMUS

Deus, qui in sanctis tuis te mirabilem prœstitisti, concede propitius ut per intercessionem sanctorum martyrum tuorum Armeti, Getulli, Ursolini, Theodoli, Uriani, Martini, Honorati, Harcisi, Martialis, Paulini et Perpetuæ quorum reliquias hic veneramur, à cunctis malis per hujus vitœ mortalis cursum eripi et post mortem ad æterna gaudia pervenire mereamur. Per christum.....

CANTATE A SAINT PROBACE (1)

Salut à toi, divin Probace !
Héraut sacré de notre foi,
Ami du Christ, apôtre de la grâce,
Salut à toi, salut à toi !

Tu fus choisi par le Dieu du Calvaire,
Pour partager ses célestes labeurs !
Tu fus choisi, le jour du grand mystère,
Pour être admis au rang des serviteurs !

---

(1) Cette Cantate mise en musique par M. l'abbé Giraud, notre ami, actuellement directeur du collége de Lorgues, fut brillamment exécutée une première fois, le jour de la fête de Saint Probace, en l'année 1875.

Déjà Jésus abandonne la terre ;
Prends dans tes mains l'étendard de la Croix ;
A l'injustice, au mal va déclarer la guerre ;
Les dieux d'or et de chair frémiront à ta voix !

  Va, divin Probace,
   Apôtre de la Grâce,
  Au nom du Roi de l'Univers,
  Brise les chaînes des Enfers !
  Va, divin Probace,
   Apôtre de la grâce,
   Des terres et des mers,
    Franchis l'espace !

Quels peuples béniront son grand apostolat ?
A Rome, il va chercher les ordres du combat !
O peuples, bénissez son saint apostolat !

Tourves, réjouis-toi ! Rayonne d'espérance !
Sur tes monts escarpés, sur tes rocs de granit,
Probace vient planter la croix de Jésus-Christ,
  L'emblême de ta délivrance !
    Salut à toi !
    Apôtre de la foi !

Deux mille ans ont prié sur tes cendres divines ;
Deux mille ans ont gardé ton tendre souvenir ;
Des âges ton grand nom a vu tomber les ruines
Et tu traverseras les nuits de l'avenir !

  Nous tes enfants, à ta mémoire,
  Nous jurons tous fidélité !
  Probace à toi, l'amour, la gloire,
  Dans le temps, dans l'éternité !

        C. B.

27 décembre 69.

Note N

Joseph-Antoine-Henri JORDANY, par la grâce de Dieu et du Saint-Siége apostolique, Evêque de Fréjus et Toulon, assistant au Trône pontifical.

Vu le Procès-Verbal de l'invention des reliques de Saint Probace faite à Tourves, dans la chapelle dédiée à ce Saint, le 12 Novembre 1869, par M. l'abbé Raymondi, curé de cette paroisse, assisté de deux prêtres, du prieur principal de la chapelle et d'un maître maçon ;

Considérant que l'authenticité de ces reliques est parfaitement établie par la Tradition immémoriale des habitants de Tourves, et par les documents relatés dans le susdit procès-verbal.

Autorisons M. le Curé de cette Paroisse à exposer publiquement à la vénération des fidèles, dans une châsse convenable, les précieuses Reliques de leur Saint Patron.

Donné à Fréjus, le 20 novembre 1869.

LIEU DU SCEAU.

† J. Henri,
Evêque de Fréjus et Toulon.

Note O

Procès-verbal de l'examen scientifique des Reliques de Saint Probace

Les docteurs en médecine soussignés certifient avoir examiné avec grand soin les ossements qui leur ont été soumis par M. le curé de Tourves et croient pouvoir, en leur conscience, donner comme exactes les conclusions suivantes, basées sur leurs connaissances d'anatomie humaine :

1° Ces ossements sont ceux d'un squelette humain qui est complet, sauf deux vertèbres dégradées et quatre qui ont diparu. Le nombre de vertèbres est de 18 bien conservées et deux fragments.

2° Ces diverses pièces osseuses constituent le squelette d'un même individu, du sexe masculin, indiqué surtout par le bassin et les clavicules, de race caucasique ou blanche, d'un âge approximatif de soixante-dix ans, ayant vécu à une époque fort éloignée de nous.

3° Le caractère général des os est d'être extrêmement légers, privés de substance organique et constitués entièrement par la substance minérale, très-minces, indiquant d'une manière certaine l'âge avancé du sujet, puisqu'on constate sur le crâne et les vertèbres les modifications qu'y produisent les progrès de la vie lorsqu'elle arrive au terme naturel.

4° L'état de conservation des dents et l'usure spéciale de la couronne des molaires indiquent un régime de vie sévère, de préférence végétal.

5° Les os, longs et grêles, indiquent la taille d'un homme au-dessus de la moyenne, adonné à une vie active et ayant joui d'une bonne santé.

6° Ces ossements paraissent bien anciens et être restés à l'abri du contact de l'air et des variations atmosphériques.

Fait à Tourves (Var), le 1er septembre 1870.

F.-Hyacinthe DUMAS,   IMBERT,
Docteur en médecine.   D. M. P.

TABLE DES MATIÈRES

	Pages.
Préface.	ix
Chap. I. — La Provence et ses traditions religieuses. — L'ancienne Turris.	13
Chap. II. — Antiquité du culte rendu à Saint Probace dans la ville de Tourves	21
Chap. III. — Antiquité de la tradition enseignant que Saint Probace était Disciple de N.-S. J.-C. — Mémoire des Consuls de Tourves adressé à Suarès, évêque de Vaison.	37
Chap. IV. — Antiquité de la tradition enseignant que Saint Probace, Disciple de N.-S. J.-C. est mort à Tourves	53
Chap. V. — Réponse à l'objection concernant la rareté des documents sur lesquels s'appuie la tradition du peuple de Tourves.	63
Chap. VI. — Précieux document de Raban-Maur relatif à l'Apostolat de Saint Probace. — Son importance. — Sa parfaite concordance avec la tradition locale	73
Chap. VII. — Examen critique du document attribué à Raban-Maur. — Son authenticité. — Sa valeur historique.	83
Chap. VIII. — Ancienneté des Actes primitifs de Saint Probace. — Leur véracité. — Leur admirable concordance avec tous les documents relatifs aux traditions de Provence	95
Chap. IX. — Silence du Martyrologe et des *Acta Sanctorum* sur le nom de Saint Probace. — Est-il vrai que ce silence soit réel ?	111
Chap. X. — Situation géographique de l'ancienne Turris. — Rien de mieux fondé que sa tradition.	127
Chap. XI. — Oratoires des premiers chrétiens. — Origine des églises Saint-Jean et Saint-Probace	141
Chap. XII. — Fondation de l'antique prieuré de Saint-Estève au pied de Turris. — But de cette fondation	153
Chap. XIII. — Translations diverses du corps de Saint Probace.	165
Chap. XIV. — Visite infructueuse de Mgr d'Astros et de plusieurs autres prélats au tombeau de Saint Probace. — Invention du corps du saint Apôtre	175
Pièces justificatives.	

3316 — Toulon, Typ. E. COSTEL, cours Lafayette, 74.

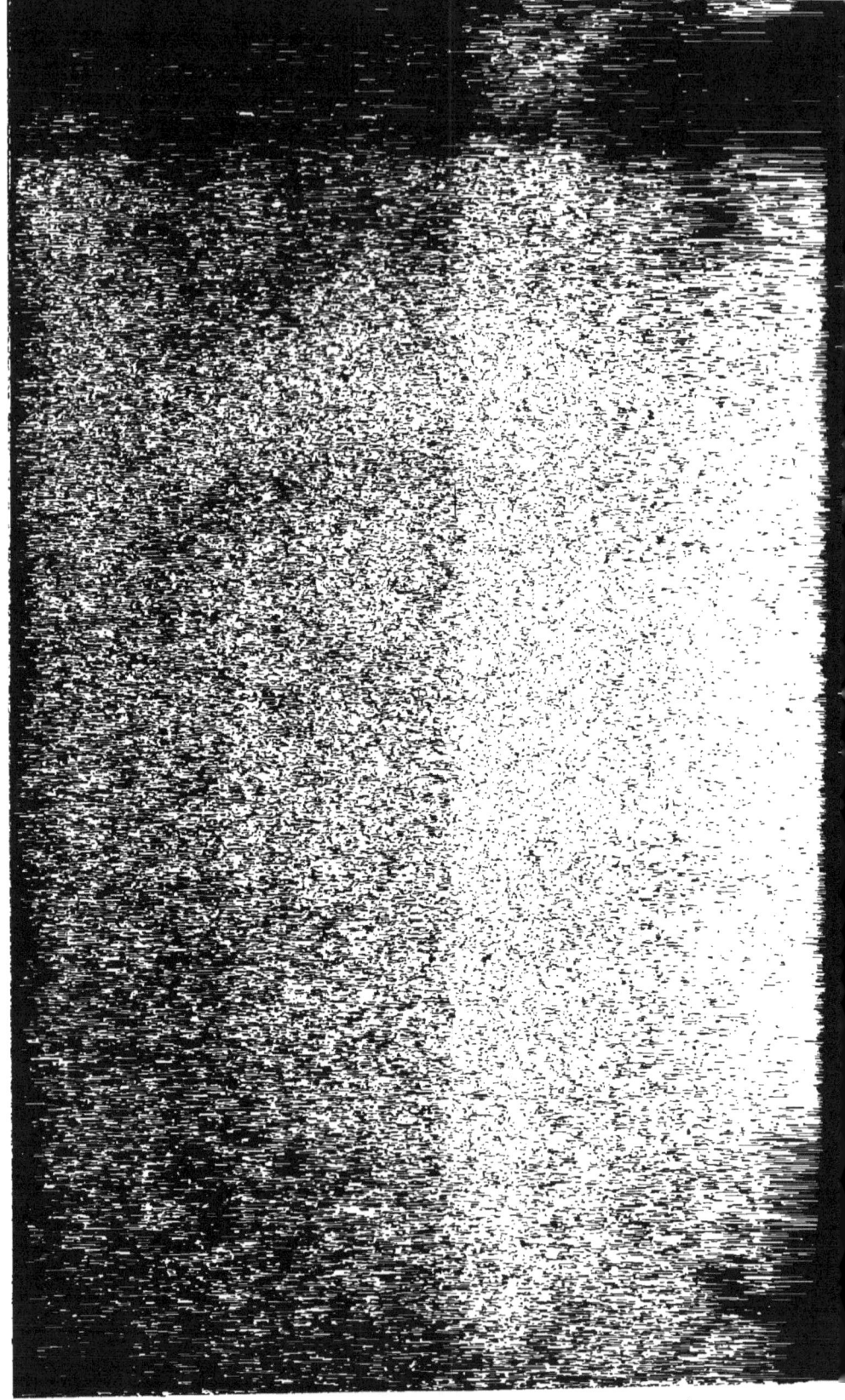

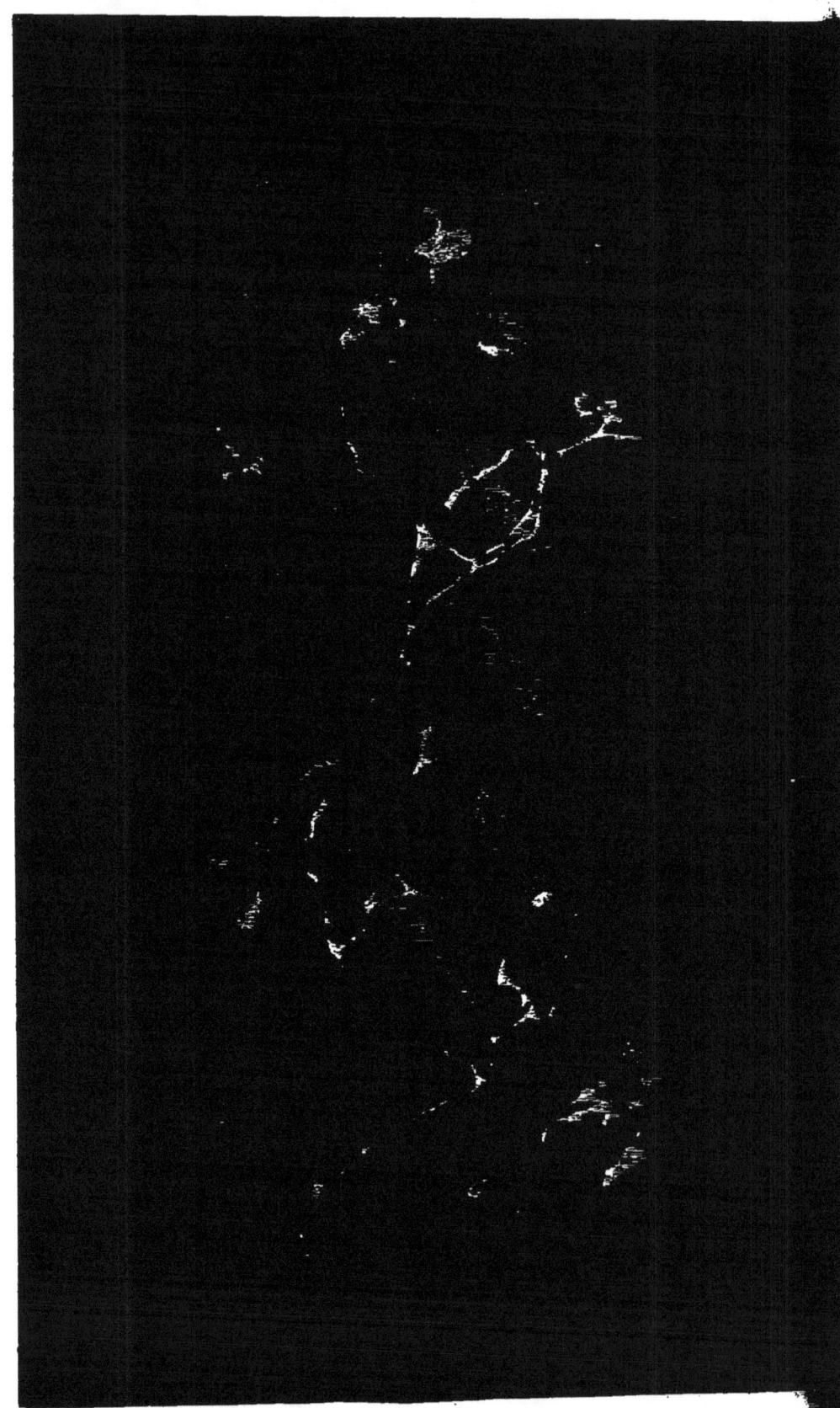

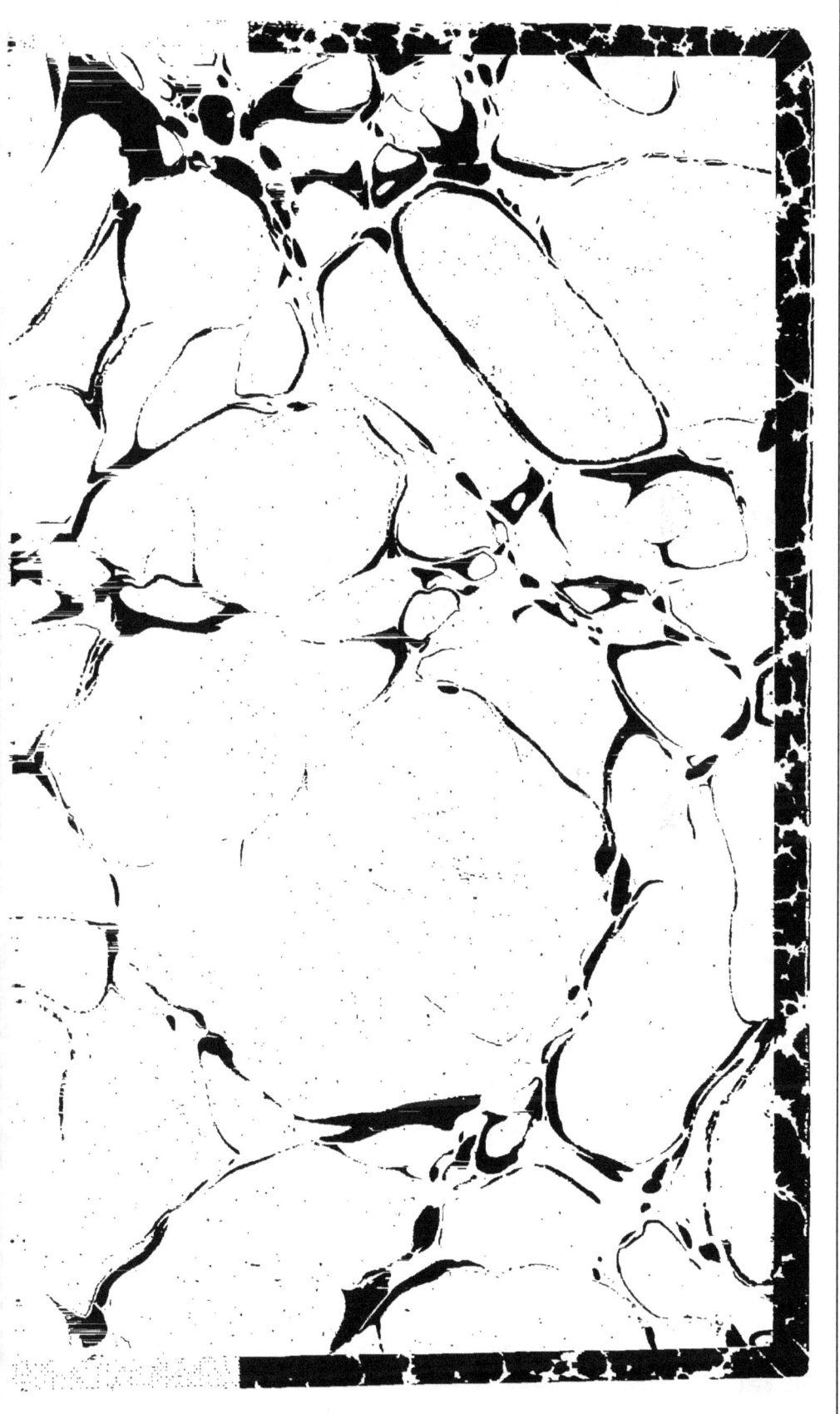

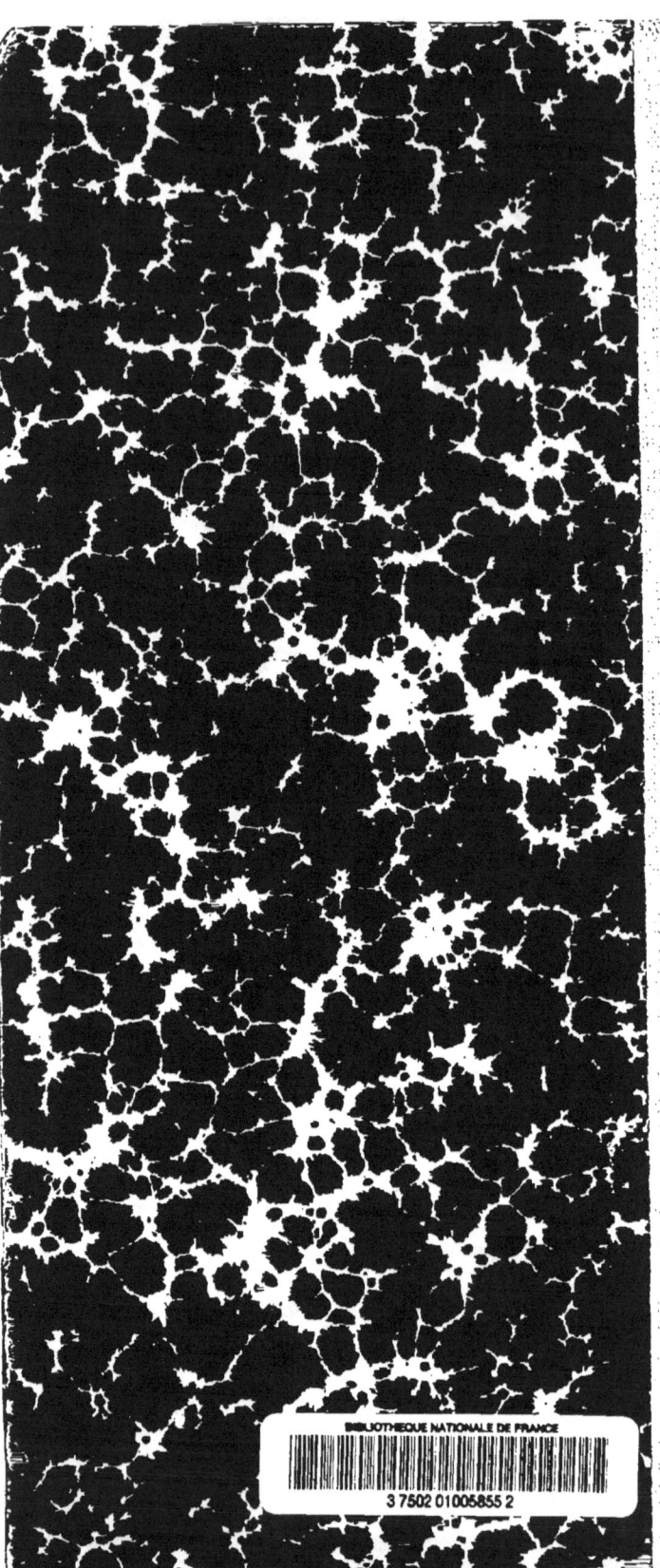

www.ingramcontent.com/pod-product-compliance
Lightning Source LLC
Chambersburg PA
CBHW070524170426
43200CB00011B/2318